实施汽车焊接技术
（学生用书）

（第 3 版）

主　编　王怀建
主　审　许先果

重庆大学出版社

内 容 提 要

本书是中职汽车运用与维修专业系列教材之一。本书在编写时借鉴了国际职业教育的先进理念,突出了"以行业需求为导向、以能力为本位、以学生为中心"的原则。全书共 5 个单元,主要讲授常用金属材料的性能、牌号、应用,常用高温焊接技术,热切割技术,矫正技术以及钎焊技术等内容。

本书可作为中等职业学校汽车维修相关专业教学培训教材,是汽车维修行业初、中级技术工种的专业培训教材,也可作为下岗职工、农民工技能培训的教材。

图书在版编目(CIP)数据

实施汽车焊接技术 / 王怀建主编. -- 3 版. -- 重庆:
重庆大学出版社, 2023.3(2025.1 重印)
中职汽车运用与维修专业系列教材
ISBN 978-7-5624-3631-7

Ⅰ.①实…　Ⅱ.①王…　Ⅲ.①汽车—焊接工艺—中等
专业学校—教材　Ⅳ.①U472.4

中国国家版本馆 CIP 数据核字(2023)第 052364 号

实施汽车焊接技术
(学生用书)
(第 3 版)
主　编　王怀建
主　审　许先果

责任编辑:曾令维　李定群　　版式设计:曾令维
责任校对:夏　宇　　　　　　责任印制:张　策

*

重庆大学出版社出版发行
出版人:陈晓阳
社址:重庆市沙坪坝区大学城西路 21 号
邮编:401331
电话:(023) 88617190　88617185(中小学)
传真:(023) 88617186　88617166
网址:http://www.cqup.com.cn
邮箱:fxk@ cqup.com.cn(营销中心)
全国新华书店经销
重庆新生代彩印技术有限公司印刷

*

开本:787mm×1092mm　1/16　印张:10.5　字数:262 千
2023 年 3 月第 3 版　　2025 年 1 月第 14 次印刷
印数:21 001—22 000
ISBN 978-7-5624-3631-7　定价:28.00 元

前　言

　　本书是根据指导性文件《汽车维修技术人员培训能力标准》中的能力标准《QTPBE032 实施电线、电路钎焊》、《QTPBW102 实施常规氧-乙炔焊接》、《QTPBW103 实施气体保护焊》，并结合教育部《面向 21 世纪教育振兴行动计划》，中等职业学校《汽车运用与维修专业教学指导方案》和劳动部《汽车修理工国家职业标准》编写而成的。

　　本书借鉴了国际职业教育的先进理念，突出"以行业需求为导向、以能力为本位、以学生为中心"的原则。在编写中根据汽车行业的实际能力要求，结合初学者的特点，确定学习目标，充分利用现代化教学资源，设计实施以学生为中心的开放式教学活动和丰富多样的教学手段，完成教学目标。教学重点突出焊接操作技能，知识和能力并重，开发多种鉴定工具，促使初学者达到能力标准的要求。

　　本书共分为 5 个单元，主要讲授常用金属材料的性能、牌号及应用，常用高温焊接技术，热切割技术，矫正技术，以及钎焊（低温焊接）技术等内容。其教学目标是：通过此课程的学习，初学者能够正确地识别汽车常用金属材料的性能特点和应用，能正确地使用和维护汽车焊接中常用的工具、设备、仪器及仪表，能够选用正确的焊接方法和焊接材料，在汽车维修中实施焊接、热切割和矫正操作技术。

　　本书可作为中等职业学校汽车维修相关专业教学培训的师生用书，是汽车维修行业初、中级技术工种及相关企业员工的专业培训教材，是职业自学者的学习用书，也可作为下岗职工、农民工技能培训（初级工、中级工）的教学材料。

　　本书的建议学时数为 114 学时。

　　本书由翁昌群编写第二单元 2.2.2 节，邓渝钦编写第二单元 2.4.1 节，宋世成、刘明君编写第二单元 2.3.1 节，黄晓英编写第五单元 5.2.2 节，其余部分皆由王怀建编写，其中刘明君还参与了本书的资料整理和翻译工作，全书由王怀建担任主编，重庆大学许先果教授担任本书的主审。

　　由于编者水平有限，书中不妥之处难以避免，恳请读者和专家批评、指正。

编　者
2017 年 5 月

前　言

目　录

绪　论

（1）科目学习目标

根据《汽车维修技术人员培训能力标准》中的能力标准《QTPBE032 实施电线、电路钎焊》、《QTPBW102 实施常规氧-乙炔焊接》、《QTPBW103 实施气体保护焊》，本科目围绕基本金属材料知识，实施基本焊接操作程序所必要的能力进行编写。本科目的学习，力求使学员和其他人员能正确安全地实施焊接操作。本科目学习能够帮助你获得以下方面的能力：

1）能正确地识别汽车常用金属材料的性能特点、牌号和应用。

2）遵守国家有关职业场所安全法规要求，包括个人保护要求，履行国家、单位和员工各自的权利及职责。

3）学会有效地与相关工作人员和客户进行交流。

4）能正确地识别、测试、使用和维护汽车焊接中常用的工具和设备。

5）能选用正确的焊接方法和焊接材料，在汽车维修中实施高温焊接技术、钎焊（低温焊接）技术、热切割技术和矫正操作技术，达到规定的质量要求，并使材料损耗最小。

（2）学生用书适应的学习对象

本书主要指导具有初中以上文化程度，从事汽车维修行业的有关人员、下岗职工、农民工技能培训（初级工、中级工）或自学者获取职业技能与安全方面的能力。

（3）学习前期应具备的能力

在开始学习这个科目之前，学生必须具有以下能力：初中语文、数学、物理和化学等科目的知识和实验技能。

（4）科目学习方法

1）章节学习内容和学习方法建议

各章节的学习内容和学习方法建议如表1所示。

表1

章节名称 （能力要素）	学习内容 （能力实作指标）	学习方法建议						
		讲授式	互动式	小组讨论	提问式	技能展示	实作	探索式
单元1 认识各种常见金属材料	1.1 认识金属材料的机械性能	√	√	√	√			√
	1.2 钢铁材料	√	√	√	√			√
	1.3 常用有色金属	√	√	√	√			√

续表

章节名称 （能力要素）	学习内容 （能力实作指标）	学习方法建议						
		讲授式	互动式	小组讨论	提问式	技能展示	实作	探索式
单元2 实施常用高温焊接技术	2.1 焊接方法简介	√		√	√	√	√	
	2.2 实施手工电弧焊操作	√		√	√	√		
	2.3 熔化极气体保护焊	√		√	√	√		
	2.4 氧-乙炔焊	√		√	√			
单元3 实施气割技术	3.1 气割工作原理	√	√	√	√			√
	3.2 危险和消除危险的方法	√	√	√	√			√
	3.3 氧-乙炔火焰切割操作	√		√	√	√	√	
单元4 实施加热矫正技术	实施加热矫正技术操作	√	√	√	√			√
单元5 实施钎焊操作技术	5.1 钎焊工作原理	√	√	√	√		√	√
	5.2 软钎焊	√		√	√	√	√	
	5.3 硬钎焊	√		√	√	√	√	

2）学习步骤

学生可以按照学生用书的内容在课堂上学习,也可以根据自己具备的基本能力,按照学生用书的内容和要求自己学习,其学习步骤如图1所示。

学生的学习步骤如下:

第1步:当你打开学习用书:

①学生用书指导(图标提示)你应该做什么。

②学生用书中的问题考察你的知识点。

③回答学生用书中的问题。

④请你的教师鉴定你的学习效果。

第2步:当你完成理论知识部分问题后:

①进行下一步活动(实作)。

②找到你需要的工具和设备。

③完成学生用书中涉及的实作任务。

④让教师鉴定你的工作,这时鉴定内容包含所有文档中的任务。

注意:

当你有下列困难时,你的教师将帮助你成为有能力的汽车维修技术人才。

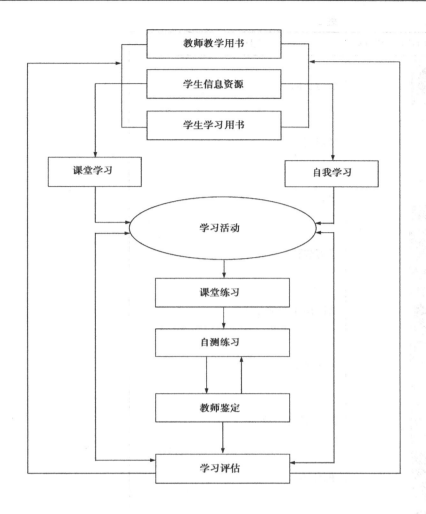

图 1

- 理论知识。
- 查找资源。
- 理解和完成你的实作任务。
- 任何其他问题。

请记住：你一定要告诉你的教师并寻求帮助。

3）图标介绍

在学习中,应根据书中图标提示的学习步骤和要求进行学习,如表 2 所示。

表2

学生用书（教师用书）中的图标	图标含义
	学习目的
	学习资源
	设备
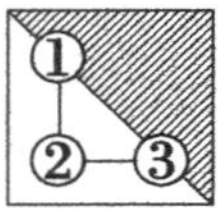	学习步骤
	实际操作和学习活动
	单元鉴定
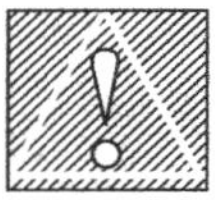	警告、注意事项
	单元学习评估
	教学建议

(5)科目学习鉴定指南

1)鉴定标准

按照《汽车维修技术人员培训能力标准》中的能力标准《QTPBE032 实施电线、电路钎焊》、《QTPBW102 实施常规氧-乙炔焊接》、《QTPBW103 实施气体保护焊》规定的能力进行鉴定。

2)鉴定证据指南

●基础知识和技能可以在岗或离岗进行鉴定。

●实践技能的鉴定应在经过一段时间的指导实践和重复练习，并取得经验后进行。

●不能提供职场实地鉴定的，鉴定可在模拟的工作场所进行。

●规定的学习目的必须在没有教师直接的指导下完成。

3）收集证据方法

工作场所观察、模拟或角色扮演、口头提问、书面提问、技能展示、案例分析、项目工作和任务以及证据素材收集。

4）鉴定时间安排

鉴定的时间安排如图2所示。

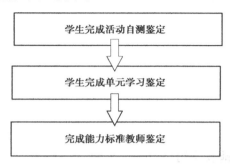

图2

（6）教学评估方法

1）教学评估目的

教师、学校和教育管理部门对学生学习需求的信息及时反馈,对课程教学活动设计和实施过程进行质量监控,对学生学习的参与程度及时检查。

2）教学评估的标准

按照《汽车维修技术人员培训能力标准》中的能力标准《QTPBE032 实施电线、电路钎焊》、《QTPBW102 实施常规氧-乙炔焊接》、《QTPBW103 实施气体保护焊》规定的能力进行鉴定。

3）教学评估的内容

- 学习者和工作场所的反映。
- 学习效果。
- 应用于行业需求。
- 工作场所的结果。

4）教学评估计划

教学评估计划如图3所示。

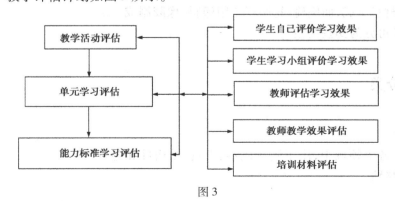

图3

单元 1　认识各种常见金属材料

 学习目的

学完本单元后,你应能做到:
1. 了解工程材料的分类情况;
2. 了解金属材料的机械性能;
3. 了解金属材料的常见类型;
4. 了解常见金属材料的牌号、性能及应用。

 学习资源

介绍工程材料的各类书籍或电子书稿,如:
黄孟域主编. 金属工艺学. 北京:高等教育出版社,1999
王纪安主编. 工程材料与材料成型工艺. 北京:高等教育出版社,2001
汽车驾驶员新等级标准教材编委会主编. 汽车材料. 北京:人民交通出版社,1996

鉴定

学完本单元后,请你完成本单元末的自测题和学习活动。

1.1　认识金属材料的机械性能

众所周知,汽车上的零件是由各类材料制成的。如车身、发动机的外壳和传动轴等是用金属材料制成,而座椅、轮胎等是用塑料、橡胶制成。那么,什么是材料呢? 它又可分为哪些类型?

1.1.1　工程材料的分类

(1)工程材料的定义
在生活、生产和科技各个领域中,用于制造机器、工具、结构件和各种器件的材料统称为**工程材料**。

（2）工程材料的种类

1）金属材料

它主要包括：

- 黑色金属，主要指铁、碳钢、合金钢、铸铁和锰等金属。
- 有色金属，是指黑色金属之外的所有金属，如金、银、铝、铜和铅等金属。

2）非金属材料

非金属材料如陶瓷、水泥、玻璃、塑料和橡胶等。

在这里主要学习金属材料。

1.1.2 工程材料的机械性能

机械性能是指在外力作用下，反映出来的性能，主要包括弹性、刚度、强度、塑性、硬度和疲劳强度等。

（1）强度

强度是指金属材料在外力作用下抵抗永久变形和断裂的能力。

强度通常可分为：

- 抗拉强度；
- 抗弯强度；
- 抗压强度；
- 抗剪强度。

其中抗拉强度最常用，它是指金属材料在拉断前所承受的最大应力，故又称**强度极限**，一般用 σ_b 表示。

应力 是指单位横截面积（mm^2）上所受的外力（N），故应力的单位为 MPa（$1\ MPa = 1\ N/mm^2$），用 σ 表示，如图 1.1.1 所示。

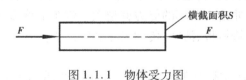

图 1.1.1 物体受力图

其计算公式为

$$\sigma = F/S \quad MPa$$

式中　F——外力，N；

　　　S——物体横截面积，mm^2。

（2）弹性

弹性是指金属材料在外力作用下产生变形，当外力取消后能够恢复原来形状和大小的能力。这种在外力消失后能够恢复原状的变形，称为**弹性变形**。汽车上的弹簧钢板，螺旋弹簧就具有这种能力。

（3）塑性

塑性是指金属材料在外力作用下，被拉断前产生永久变形的能力。

在外力消失后留下来的这部分不可恢复的变形,称为**塑性变形**。金属产生塑性变形的能力越大,则表示它的塑性越好。

（4）硬度

硬度是指金属材料抵抗更硬的物体压入其体内的能力,是反映弹性、塑性、断裂的抵抗能力。常用布氏硬度和洛氏硬度来表示。

金属材料的硬度可用专门仪器来测试,常用的有布氏硬度机和洛氏硬度机等。

1）布氏硬度

用直径为 D 的淬火钢球,加上一定载荷,压入工程材料表面,根据压力大小、压痕表面积,计算球面上的平均压力,既为布氏硬度。一般用符号 HB 表示,如图 1.1.2 所示。

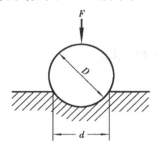

图 1.1.2　布氏硬度试验示意图　　　图 1.1.3　洛氏硬度试验原理图

2）洛氏硬度

洛氏硬度是指用一定载荷把坚硬的压头,压入被测工程材料表面,根据压痕深度计算的硬度,如图 1.1.3 所示。

（5）冲击韧性

冲击韧性是指金属材料在冲击载荷作用下抵抗破坏的能力。

韧性越好,抵抗冲击力破坏的能力就越大。汽车上许多零件都受到冲击载荷的作用,如弹簧钢板、活塞、传动齿轮和气门等。

（6）疲劳强度

汽车上的许多受力零件在工作时,所受的外力或大小经常会发生变化,如曲轴、活塞等。这种外力并不大,远比材料破坏时所需的力小,但这种力长期多次作用后,零件也会产生破坏,这种现象称为"**疲劳破坏**"。

 注意

■ 疲劳破坏产生的后果是非常可怕的。

当金属材料在无数次重复或交变载荷作用下而不致引起断裂的最大应力,称为**疲劳强度**。

疲劳破坏的**原因**,一般是由于材料有杂质、表面有划痕而引起的。

请完成下面的自测题,若有困难请向你的教师寻求帮助:

1. 请选择下列材料的类别:车身、菜刀、铝锅、轮胎、汽车座椅、玩具手枪、陶瓷、水泥、玻璃、塑料、橡胶及发动机壳体。

　　(1)属于金属材料的有:＿＿＿＿＿＿＿＿＿＿＿＿

　　(2)属于非金属材料的有:＿＿＿＿＿＿＿＿＿＿＿

＿＿＿＿＿＿＿＿＿＿＿＿＿＿＿＿＿＿＿＿＿＿＿＿

2. 请判断下列哪些金属属于黑色金属,请在后面方框中打"√"。

金□　　　　铁□　铜□　　碳钢□　铅□

合金钢□　锌□　铸铁□　锰□　　铝□

3. 机械性能主要包括哪些?

＿＿＿＿＿＿＿＿＿＿＿＿＿＿＿＿＿＿＿＿＿＿＿＿

4. 什么是抗拉强度?

＿＿＿＿＿＿＿＿＿＿＿＿＿＿＿＿＿＿＿＿＿＿＿＿

＿＿＿＿＿＿＿＿＿＿＿＿＿＿＿＿＿＿＿＿＿＿＿＿

5. 发动机曲轴长期使用后,为什么易出现裂纹?

＿＿＿＿＿＿＿＿＿＿＿＿＿＿＿＿＿＿＿＿＿＿＿＿

＿＿＿＿＿＿＿＿＿＿＿＿＿＿＿＿＿＿＿＿＿＿＿＿

1.2　钢铁材料

钢铁材料是以铁和碳元素为主要化学成分的金属材料。它主要包括:

- 生铁;
- 钢;
- 铸铁;
- 铸钢等。

1.2.1　钢

按照化学成分不同,钢可分为:

- 碳钢(或称为碳素钢);
- 合金钢。

(1)碳钢

1)碳钢的分类

①根据碳钢的含碳量多少可分为:

● 低碳钢:是指含碳量小于 0.25% 的钢;

● 中碳钢:是指含碳量为 0.25% ~ 0.60%(包括 0.60%)的钢;

● 高碳钢:是指含碳量为 0.60% ~ 1.40% 的钢。

②根据碳钢的质量可分为:

根据钢中杂质 S,P 等的含量多少可分为:

● 普通钢:是指含 S 量为 0.035% ~ 0.050%,含 P 量为 0.035% ~ 0.045% 的钢;

● 优质钢:是指含 S 量为 0.020% ~ 0.035%,含 P 量为 0.030% ~ 0.035% 的钢;

● 高级优质钢:是指含 S 量≤0.020%,含 P 量≤0.030% 的钢。

③根据碳钢的用途可分为:

● 结构钢:是指工程构件和机械零件用钢;

● 工具钢:硬度高,耐磨性好,主要制造工具、刀具、量具和模具。

④根据脱氧程度可分为:

● 沸腾钢:这种钢内部成分不均匀,质量较差,但成本低;

● 镇静钢和半镇静钢:质量较沸腾钢好,一般合金钢和优质碳钢都是镇静钢。

⑤根据碳钢的用途和质量可分为:

● 普通碳素结构钢;

● 优质碳素结构钢;

● 碳素工具钢。

2)普通碳素结构钢

①化学成分:

含碳量 $W_C = 0.09\%$ ~ 0.33% 。

②牌号:

由代表屈服点的字母 Q、屈服点数值、质量等级符号(A,B,C,D,其中 A 最好,D 最差)及脱氧方法等 4 个部分按顺序组成。

如:Q235AF 钢——最低屈服强度为 235 MPa,质量等级为 A 级的沸腾钢(F 指沸腾钢)。

常用的碳素结构钢牌号有 Q195,Q215A,Q235,Q255,Q275 等。

③性能:

因为含碳量低,故塑性、韧性好,焊接性能好,但强度、硬度较低。

④用途:

适用于轧制成钢板、钢带及型钢等,常用于制作不需热处理的焊接、铆接构件及螺栓、螺母等零件。

3)优质碳素结构钢

①化学成分:

含碳量 $W_C = 0.08\%$ ~ 0.85% 。

②牌号：

用"两位数字"表示。

其中：数字表示含碳量的万分之几，若是沸腾钢，则数字后面加符号 F。

如：08F——平均含碳量为 0.08% 的沸腾钢。

45 钢——平均含碳量为 0.45% 的优质碳素结构钢。

常见的优质碳素结构钢牌号有 15,20,25,30,35,40,45,50,55,60,65,70,75。

③优质碳素结构钢的分类：

A. 低碳钢

a. 化学成分：含碳量 $W_C < 0.25\%$。

b. 性能：强度和硬度低，而塑性好，焊接性好。

c. 用途：

● 08F,10F,15F 钢：可冷变形加工成型件、机壳和容器等。

● 10 ~ 25 钢：可做成各种标准件、轴套和容器等。

B. 中碳钢

a. 化学成分：含碳量为 $0.25\% \leqslant W_C \leqslant 0.60\%$。

b. 性能：强度和硬度比低碳钢略高，而塑性略低，具有良好的综合力学性能，切削加工性好，但焊接性一般。

c. 用途：可适用于制作齿轮、主轴及连杆等重要的机械零件。

C. 高碳钢

a. 化学成分：含碳量为 $0.60\% < W_C \leqslant 1.40\%$。

b. 性能：具有较高的强度和良好弹性，具有较好的耐磨性和中等硬度。

c. 用途：主要适用于制作弹簧和易磨损的零件。

4) 碳素工具钢

①化学成分：

含碳量 $W_C = 0.65\% ~ 1.35\%$。

②牌号：

用"T + 数字"表示。

● "T"——碳的第一个字母；

● "数字"——含碳量的千分之几。若是特殊质量，则数字后面加 A。

如：T8A——含碳量为 0.8% 的特殊质量的碳素工具钢。

常见的牌号有 T7,T8,T9,T10,T12,T13 等。

③性能：

具有较高的硬度、强度和耐磨性，但塑性差。

④用途：

适用于制作手动和低速切削的工具和要求不高的量具、模具等，如凿子、剪刀、锯条、锉刀、车刀、丝锥、铰刀和刮刀等。

请完成下面的自测题,若有困难请向你的教师寻求帮助:

1. 请把下面钢的牌号和对应的钢用直线连接起来。

T10 钢	低碳钢;
15 钢	高碳钢
45 钢	碳素工具钢
70 钢	普通碳素结构钢
Q195	中碳钢

2. 请解释下面钢的牌号表示的含义:

40 钢:＿＿＿＿＿＿＿＿＿＿＿＿＿＿＿＿＿＿＿＿

15F 钢:＿＿＿＿＿＿＿＿＿＿＿＿＿＿＿＿＿＿＿＿

Q245A 钢:＿＿＿＿＿＿＿＿＿＿＿＿＿＿＿＿＿＿＿＿

＿＿＿＿＿＿＿＿＿＿＿＿＿＿＿＿＿＿＿＿＿＿＿＿＿＿

（2）合金钢

在碳钢中有意加入 Cr（铬）,Ni（镍）,W（钨）,Mn（锰）,Mo（钼）,Ti（钛）,V（钒）等合金元素所冶炼成的钢称为**合金钢**,其主要目的是使其具有所要求的特殊性能。

1）合金钢的分类

①根据合金钢中合金元素的含量可分为:

● 低合金钢:是指合金元素含量 <5% 的钢;

● 中合金钢:是指合金元素含量为 5% ~10% 的钢;

● 高合金钢:是指合金元素含量 >10% 的钢。

②根据用途可分为:

● 合金结构钢:主要作建筑、工程用结构钢和机械零件用钢;

● 合金工具钢:硬度高,耐磨性好,主要制造各种工具;

● 特殊性能钢:是指具有特殊物理、化学性能或力学性能的钢。如耐热钢、耐磨钢和不锈钢等。

2）合金结构钢

①合金结构钢的分类:

根据合金结构钢的用途可分为:

● 低合金结构钢;

● 机械制造结构钢:它又分为渗碳钢、调质钢、弹簧钢和轴承钢 4 类。

②合金结构钢的牌号:

一般用"数字 + 合金元素符号 + 数字"表示。

● 前面数字表示平均含碳量的万分之几。

● 后面数字表示合金元素平均含量的百分之几,如果合金元素含量 < 1.5% ,则省略不写。

如:60Si2Mn(60 硅 2 锰)——平均含碳量为 0.60% ,Si 的平均含量为 2% ,Mn 的平均含量 <1.5% 的合金钢。

16Mn(16 锰)——平均含碳量为 0.16% ,Mn 的平均含量 <1.5% 的合金钢。

③低合金结构钢:

A. 化学成分:

含碳量 W_C <0.20% 。

合金元素含量 <3% 。

常加合金元素:Mn,Si,V,Nb,Ti,Cu 等。

常见的低合金结构钢有 16Mn。

B. 性能特点:

a. 具有较高的强度、塑性和冲击韧性,特别是低温冲击韧性。

b. 具有良好的焊接性。

c. 具有较高的抗大气腐蚀性。

C. 应用:

目前,广泛用于桥梁、车辆、轮船和建筑钢筋等,如汽车保险杠就是用 16Mn 制造。

④合金渗碳钢:

A. 化学成分:

含碳量 W_C =0.10% ~0.25% 。

主加合金元素:Cr,Mn。

B. 性能特点:

表面具有高硬度、高耐磨性,心部有高韧性及较高强度。

C. 应用:

主要用作制造要求表面硬而耐磨,心部有较高强度和韧性的零件,如汽车上的传动齿轮、凸轮轴和活塞销等;

常用的合金渗碳钢是 20CrMnTi(20 铬锰钛)。

⑤合金调质钢:

A. 化学成分:

含碳量 W_C =0.25% ~0.55% 。

主加合金元素:Mn,Cr,Si,Ni。

B. 性能特点:

具有良好的综合力学性能。

C. 应用：

制造受冲击载荷较大的零件,如发动机曲轴、转向节和汽车后桥半轴等。

常用的合金调质钢是40Cr(40 铬),40CrMnMo(40 铬锰钼)等。

⑥弹簧钢：

A. 化学成分：

含碳量 $W_C = 0.45\% \sim 0.70\%$。

常加合金元素:Si,Mn,Cr。

B. 性能特点：

a. 较高的弹性极限。

b. 疲劳强度高。

c. 足够的冲击韧性。

d. 良好的表面质量。

C. 应用：

主要制作弹簧,如汽车钢板弹簧、气门弹簧等。

常用的弹簧钢是60Si2Mn(60 硅 2 锰)。

⑦滚动轴承钢：

A. 化学成分：

含碳量 $W_C = 0.95\% \sim 1.15\%$。

B. 牌号：

用"G + Cr + 数字"表示,数字表示 Cr 的平均含量的千分之几。

如:GCr15(滚铬 15)——Cr 的平均含量为 1.5% 的滚动轴承钢。

C. 性能特点：

有高而均匀的硬度和耐磨性,有较好的弹性、耐疲劳强度等。

D. 应用：

用来制造滚动轴承。

3)合金工具钢

①牌号：

用"数字 + 元素符号 + 数字"表示。

• 前面数字表示平均含碳量的千分之几。

• 后面数字表示合金元素平均含量的百分之几。

 注意

■ 当含碳量≥1%时,不标注。

如:9SiCr(9 硅铬)——C 的含量为 0.9% ,Si,Cr 的平均含量 < 1.5%。

CrWMn(铬钨锰)——含碳量≥1% ,其余合金含量均 < 1.5%。

■ 若是高速工具钢时,含碳量均不标出。

如:W18Cr4V(钨 18 铬 4 钒)——碳含量为 0.7% ~ 0.8%,W 含量 18%,Cr 含量 4%,V 含量 <1.5% 的高速工具钢。

②用途:

常用于制造各种刀具、工具、模具和量具等。

4)特殊性能钢

牌号规则与合金工具钢相同。

①不锈钢

在腐蚀性介质(如水、海水、酸和碱等)中具有抗腐蚀性能的钢,称为不锈钢。

A. 不锈钢的化学成分:

- 含碳量低;

- 铬含量 >13%;

- 对腐蚀性要求高的不锈钢,还要加入一定量的镍。

B. 常见不锈钢:

如 1Cr17Mo(1 铬 17 钼),1Cr13(1 铬 13),1Cr18Ni9Ti(1 铬 18 镍 9 钛)等。

C. 应用:

主要用于制造医疗器械、化工设备、餐具及汽车化油器针阀等。

②耐热钢

耐热钢用于制造在高温下工作的零件或构件,如汽轮机、锅炉、内燃机和加热炉等,在汽车上常用来制作发动机排气门。

常见牌号:4Cr9Si2(4 铬 9 硅 2)。

③耐磨钢(又称为高锰钢)

A. 化学成分:

含碳量 $W_C = 0.9\% ~ 1.5\%$。

Mn 含量为 11% ~ 14%。

B. 性能特点:

在受强烈撞击的工作条件下,工件表层会产生加工硬化层,变得更硬,更耐磨,而心部仍保持高韧性。

C. 应用:

常用来制造坦克履带、挖掘机铲齿等。

常用耐磨钢牌号:ZGMn13(铸钢锰 13),表示 Mn 平均含量为 13%,$W_C >1\%$。

请完成下面的自测题,若有困难请向你的教师寻求帮助:

1. 请把下面钢的牌号、对应钢的名称以及用途用直线连接起来。

20CrMnTi	高速工具钢	受力较大的齿轮
16Mn	合金渗碳钢	弹簧
40Cr	不锈钢	变速箱齿轮
60Si2Mn	耐磨钢	建筑钢筋
W18Cr4V	弹簧钢	医疗器械
1Cr13	合金调质钢	内燃机
GCr15	低合金结构钢	坦克履带
4Cr9Si2	滚动轴承钢	高速车刀
ZGMn13	耐热钢	滚动轴承

2. 请解释下面钢的牌号表示的含义:

40CrMn:_____

_____

20CrMnTi:_____

_____

60Si2Mn:_____

_____

GCr15:_____

W18Cr4V:_____

_____

1Cr13:_____

1.2.2　铸铁

铸铁是含碳量 $2.11\% < W_C < 6.67\%$ 的铁碳合金,实际使用的铸铁含碳量多在 4% 以下。

铸铁是生产中应用最广泛的材料,铸造性能好,切削加工性好,生产工艺简单,成本低,但塑性差,可焊性差。常用来制造机架、床身和箱体等,汽车上的发动机缸体、气缸套、飞轮、皮带轮、变速器壳和后桥壳等都是由铸铁制造的,其质量约占汽车质量的 50%。

(1)铸铁分类

按照碳的存在形态和石墨(用 G 表示)的形状不同铸铁可分为:

1)白口铸铁

白口铸铁的碳以 Fe_3C(渗碳体)形态存在,断口呈银白色,硬而脆,不易机加工,应用较少。可用来做毛坯件,也可用于耐磨件,如轧辊、锤头、磨球和犁桦等。

2)灰口铸铁(简称灰铸铁)

灰口铸铁的碳大部分以片状石墨形式存在,断口呈灰色,它是应用最广泛的铸铁,其显微组织如图1.2.1所示。

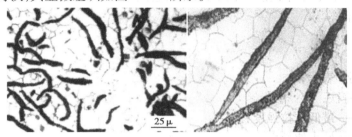

图1.2.1　灰口铸铁的显微组织图

3)球墨铸铁

球墨铸铁的碳大部分以球状石墨形式存在,用于高性能件,如曲轴。其显微组织如图1.2.2所示。

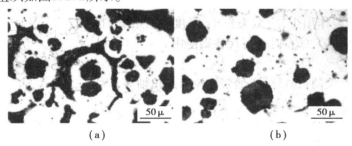

(a)　　　　　　　　　　　　　(b)

图1.2.2　球墨铸铁的显微组织图

4)可锻铸铁

可锻铸铁的碳大部分以团絮状石墨形式存在,用于较高强度、韧性件,如汽车后桥等。

(2)灰铸铁

灰铸铁占铸铁总数80%以上。

1)灰铸铁的牌号

常用"HT + 3 位数字"表示。

其中:"HT"——灰铸铁;

　　　"3 位数字"——最低抗拉强度。

如:HT200(灰铁 200)——最低抗拉强度为 200 MPa 的灰铸铁。

常见牌号有 HT100,HT150,HT200,HT250 等。

2)灰铸铁的性能

灰铸铁可看成是在钢的基体上嵌入了大量的石墨片构成。

- 工艺性能:铸造性能好,切削加工性好,不能压力加工,焊接性能差。
- 具有减震性:因有大量石墨片,阻碍震动传播,具有吸震作用。可用于制造床身、锻锤机座等。
- 耐磨性好。

3)应用

灰铸铁价格便宜,易于生产,在汽车上应用最多,如制造汽车飞轮、皮带轮、变速器壳体和后桥壳体等。

(3)球墨铸铁

1)球墨铸铁的牌号

常用"QT + 数字 + 数字"表示;

其中:"QT"——球墨铸铁;

　　　"第1组数字"——最低抗拉强度;

　　　"第2组数字"——最小伸长率。

如:QT450-10 表示最低抗拉强度为 450 MPa,最小伸长率为 10% 的球墨铸铁。

常见的牌号有 QT400-15,QT600-3,QT500-7,QT900-2 等。

2)性能

因为球状石墨对机体割裂作用少,应力集中小,强度、塑性大大提高,常用它来制造性能要求较高的铸件,有时也可代替钢使用。

3)应用

常用来制造离合器踏板、发动机缸体、机油泵齿轮和凸轮轴等。

(4)可锻铸铁

1)牌号

常用"KT H + 数字 + 数字"表示。

其中:"KTH"——黑心可锻铸铁;

　　　"第1组数字"——最低抗拉强度;

　　　"第2组数字"——最小伸长率。

如:KTH300-06 表示最低抗拉强度为 300 MPa,最小伸长率为 6% 的黑心可锻铸铁。

常见的可锻铸铁牌号有 KTH330-08,KTH350-10,KTH370-12 等。

2)性能

因为团絮状石墨对机体割裂作用减少,它的强度、塑性介于灰铸铁和球墨铸铁之间。

3)应用

常用来制造汽车差速器壳体、转向机构壳体及弹簧钢板支座等。

(5)合金铸铁

在铸铁中加入合金元素,使它具有耐磨、耐热和耐腐蚀等性能的铸铁统称为**合金铸铁**。

请完成下面的自测题,若有困难请向你的教师寻求帮助:

1. 请把下面对应的牌号、名称以及石墨形状用直线连接起来。

HT200　　　　　　球墨铸铁　　　　　片状

QT450-10　　　　可锻铸铁　　　　　球状

KTH300-06　　　 灰铸铁　　　　　　团絮状

2. 请解释下面的牌号表示的含义:

HT150:＿＿＿＿＿＿＿＿＿＿＿＿＿＿＿

QT400-08:＿＿＿＿＿＿＿＿＿＿＿＿＿

＿＿＿＿＿＿＿＿＿＿＿＿＿＿＿＿＿＿＿

KTH350-07:＿＿＿＿＿＿＿＿＿＿＿＿

＿＿＿＿＿＿＿＿＿＿＿＿＿＿＿＿＿＿＿

1.2.3　钢的热处理

(1)钢的热处理定义

钢的热处理是把钢在固态下加热到一定温度,保温一段时间后,以适当的速度冷却到室温,以改变钢的内部组织,从而达到改善性能的一种工艺方法。

热处理过程可分为加热、保温和冷却3个阶段,如图1.2.3所示。

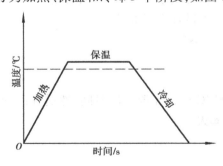

图1.2.3　钢的热处理过程

(2)热处理的基本原理

热处理的基本原理是由于钢在加热和冷却过程中,钢的内部组织发生了变化,从而使钢的性能得到了改善。

(3)热处理的分类

热处理的分类如图1.2.4所示。

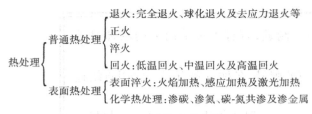

图 1.2.4 热处理的分类

(4)普通热处理方法

1)钢的退火

①定义:

将钢加热到一定温度(700~1 000 ℃),并保温一段时间,然后随炉缓慢冷却的方法称为**退火**。

②退火目的:

- 降低钢的硬度,以便切削加工。
- 提高钢的塑性韧性,消除钢中的组织缺陷。
- 消除钢的内应力以防止变形。

2)钢的正火

①定义:

将钢加热到一定温度(700~1 000 ℃),并保温一段时间后,放在空气中冷却的方法称为**正火**。

②正火与退火的**主要区别**:

- 正火的冷却速度比退火的冷却速度大得多。
- 正火后所得的组织比退火后的组织晶粒小,强度、硬度更高。

③正火目的:

- 低碳钢正火后可提高硬度,克服粘刀现象,改善切削加工性。
- 中碳钢正火后可细化晶粒,为淬火做好组织准备。
- 高碳钢正火后可消除网状 Fe_3C(渗碳体)。

3)钢的淬火

①定义:

将钢加热到一定温度(700~1 000 ℃),并保温一段时间,然后在冷却剂(水、油等)中快速冷却的方法称为**淬火**。

②目的:

提高钢的硬度和耐磨性。

一般情况下,淬火后都应回火。

4)钢的回火

①定义:

将淬火后的钢加热到 650 ℃以下某一合适温度,保温一定时间,然后冷却(一般空冷)至室温的方法称为**回火**。

②回火目的:

- 减少或消除淬火产生的内应力,防止变形,稳定工件尺寸。

● 调整硬度,提高韧性,降低脆性,改善切削加工性能。

一般说来,随着回火温度的升高,硬度、强度逐渐下降,塑性、韧性逐渐升高。

③回火的分类:

a. 低温回火:

回火温度为150~250 ℃,目的是减少内应力和脆性,提高塑性、韧性,有高的硬度和耐磨性。适用于各种工具钢、量具、刀具和滚动轴承等。

b. 中温回火:

回火温度为350~500 ℃,得到高的弹性和强度,有一定的塑性和硬度。主要用于弹性零件,如制作汽车钢板弹簧、扳手等。

c. 高温回火:

回火温度为500~650 ℃,高温回火后具有良好的综合力学性能。主要用于制作在冲击载荷作用下的重要零件,如汽车半轴、连杆和曲轴等。

淬火后再高温回火称为**调质处理**。

(5)表面热处理方法

汽车上的许多零件(如齿轮、凸轮轴和曲轴等)在工作时,既承受冲击,表面又受摩擦。它们要求表面具有高硬度、高耐磨性而心部又有足够的塑性和韧性。在这种情况下,通常采用表面热处理的方法来实现。

常见的表面热处理有:

● 表面淬火。

● 化学热处理。

1)表面淬火

①定义:

通过快速加热使工件表面迅速达到淬火温度,而心部温度较低的情况下立即急冷,使工件表面硬度提高,而心部仍保持淬火前组织,以满足表硬内韧要求的一种热处理工艺方法。

②常用方法有:

● 火焰加热表面淬火。

● 感应加热表面淬火。

2)化学热处理

①定义:

将工件放入某一化学介质中(如碳、氮等),经加热、保温,使介质中的活性原子渗入到工件表层中,从而改变表层的化学成分、组织结构,使其表面层和心部有着不同性能的工艺方法。

②常用方法有:

● 渗碳。

● 渗氮。

● 碳-氮共渗。

活动1 根据教师提供的零件,识别车辆上的曲轴、发动机壳体、活塞、传动齿轮、钢板弹簧、滚动轴承和连杆等零件的材料名称,并填写下表的空格。

零件名称	工作条件	材料名称	性　能	热处理方法
曲轴	受冲击载荷	球墨铸铁或合金调质钢	表面高硬度、高耐磨,而心部韧性好	调质处理+表面淬火+回火
发动机壳体				
传动齿轮				
钢板弹簧				
滚动轴承				
高速车刀				
医疗器械				

自测题5

请完成下面的自测题,若有困难请向你的教师寻求帮助:

1.请把下面热处理方法与对应的特点用直线连接起来。

正火　　炉冷　　硬度很高　　塑性好
退火　　水冷　　硬度较高　　塑性较好
淬火　　空冷　　硬度一般　　塑性一般
表面淬火　　　　表面硬度高　　心部塑、韧性好

2.请判断下列说法的正确性,请在正确的后面打"√"。

(1)退火比正火的冷却速度快。　　　　　(　　)
(2)淬火后的工件一般都应回火。　　　　(　　)
(3)钢板弹簧一般采用调质处理。　　　　(　　)
(4)高速车刀一般采用高温回火。　　　　(　　)
(5)工件表面淬火后,工件内部和表面的性能一样。
　　　　　　　　　　　　　　　　　　(　　)

1.3　常用有色金属

汽车上使用的金属材料主要是黑色金属,但对某些零件,必须采用有色金属,汽车上常用的有色金属是铜、铝及其合金。

1.3.1　铝及铝合金

(1)纯铝

纯铝的熔点为 660 ℃,导电、导热性好。

纯铝常用 $L_1,L_2,L_3,\cdots,L_6$ 表示。

其中:L——铝;

　　　数字——纯度;数字越大,铝的纯度越低。

(2)铝合金

铝合金一般分为两类:

● 形变铝合金。

● 铸造铝合金。

1)形变铝合金

形变铝合金主要包括:

①防锈铝

用"LF(铝防) + 数字"表示,常用的有 LF5,LF11 等,其特点是耐腐蚀性好,主要用于受力不大的构件,如油箱、汽车水箱、导管、线材和生活器具等。

②硬铝

用"LY(硬铝) + 数字"表示,常用的有 LY1,LY11 等。其特点是硬度强度高,主要用于航空工业上,如飞机大梁、蒙皮等。

③超硬铝

用"LC(超铝) + 数字"表示,常用的有 LC4,LC6 等。其特点是强度比硬铝更高,多用于飞机上的主要受力部件,如隔框、翼肋等。

④锻铝

用"LD(锻铝) + 数字"表示,常用的有 LD5,LD6 等。其特点是强度高、锻造性好,主要用于制造承受高载荷的锻件或模锻件,如汽车的活塞。

2)铸造铝合金

铸造铝合金主要包括:

①铝硅合金,如牌号为 ZAlSi7Mg(铸铝硅 7 镁)的铝硅合金,其意思是含 Si 量为 7% ,含 Mg 量 <1.5% ,余量为铝的铸造铝合金。

其代号为 ZL101(铸铝 101)——ZL 表示铸铝,它可用来制作化油器壳体。

②铝铜合金,如 ZAlCu4,代号为 ZL203。

③铝镁合金,如 ZAlMg5Si,代号为 ZL303。

④铝锌合金,如 ZAlZn11Si7,代号为 ZL401。

1.3.2 铜及铜合金

（1）纯铜

纯铜为紫红色,又称为紫铜,熔点是 1 083 ℃,导电、导热性好,抗腐蚀、塑性高。

常用 T_1,T_2,T_3,T_4 表示,数字越大,纯度越差。

（2）铜合金

最常用的铜合金有两种:

• 黄铜;

• 青铜。

1）黄铜

它主要由 Cu 和 Zn 组成,可分为:

①普通黄铜

其牌号是用"H + 铜的含量"表示。

如:H62（62 黄铜）——Cu 的平均含量为 62% ,Zn 的平均含量为 38% 。

普通黄铜在汽车上主要用作散热器、油管接头、黄油嘴和垫片等。

②铸造黄铜

如:ZH80（铸造黄铜 80）——Cu 含量 80% ,Zn 含量 20% ,其机械性能好,耐腐蚀,价便宜,用途广。

③特殊黄铜

如:HPb59-1——Cu 含量 59% ,Pb 含量 1% ,Zn 含量 40% 。

在汽车上特殊黄铜可制作转向节衬套、行星齿轮支撑垫圈等耐磨零件。

2）青铜

除黄铜外,其余的铜合金统称为青铜。青铜主要包括:

①锡青铜

如:QSn6.5-0.1——Sn 的含量为 6.5% ,P 的含量为 0.1% ,Cu 的含量为 93.4% 。

在汽车上锡青铜可制作连杆衬套、发动机摇臂衬套等零件。

②铝青铜

如:QAl9-4——Al 的含量 9% ,Fe 的含量 4% ,Cu 的含量 87% 。可制作重要的耐磨耐蚀零件,如轴套等。

请完成下面的自测题,若有困难请向你的教师寻求帮助:

1. 请把下面对应的牌号、名称以及用途用直线连接起来。

L2	防锈铝	铜线
LF11	锻铝	铝线
LY11	纯铝	水箱
LC4	紫铜	活塞
LD5	硬铝	飞机蒙皮
T3	黄铜	飞机翼肋
H62	青铜	轴套
QAl9-4	超硬铝	油管接头

2. 请解释下面的牌号表示的含义:

H62:_____

ZAlSi7Mg:_____

_____

QSn6.5-0.1:_____

_____

单元鉴定

单元1 鉴定表格：

鉴定内容	完 成	否
你是否完成自测题1,并得到教师的确认?		
你是否完成自测题2,并得到教师的确认?		
你是否完成自测题3,并得到教师的确认?		
你是否完成自测题4,并得到教师的确认?		
你是否完成自测题5,并得到教师的确认?		
你是否完成自测题6,并得到教师的确认?		
你是否完成活动1的要求,并得到教师的确认?		
你是否能回答教师提出的问题?		

教师签字:_____

学生签字:_____

完成日期和时间:_____

单元学习评估

　　现在学生已经完成了这一单元的学习,希望学生能对所参与的活动提出意见,请你在相应的栏目内打"√"。

评估内容	非常同意	同意	没有意见	不同意	非常不同意
1. 这一单元给我很好地提供了……的综述					
2. 这一单元帮助我理解了……的理论					
3. 我现在对尝试……感到了自信					
4. 该单元的内容适合我的需求					
5. 该单元中举办了各种活动					
6. 该单元中不同部分融合得很好					
7. 单元学习中教师待人友善愿意帮忙					
8. 单元学习让我做好了参加评估的准备					
9. 该单元中所有的教学方法对我的学习起到了帮助作用					
10. 该单元提供的信息量正好					
11. 评估看来公平、适当					
你对改善本科目后面单元的教学有什么建议?					

单元 **2** 实施常用高温焊接技术

 学习目的

通过本单元的学习,你应能做到:

1. 能够正确地区分各种焊接方法;了解各种常见焊接方法的焊接过程以及在行业中的应用。

2. 能选择合适的焊接材料,正确安全地进行手工电弧焊操作。

3. 能选择合适的焊接材料,正确安全地进行 CO_2 气体保护焊操作。

4. 能选择合适的焊接材料,正确安全地进行氧-乙炔气焊操作。

 学习资源

1. 常见焊接方法的设备,如手工电弧焊、CO_2 气体保护焊、钨极氩弧焊、氧-乙炔气焊、气割、埋弧焊及电阻焊(点焊)设备。

2. 常见焊接方法的光盘。

3. 介绍各种焊接方法的文字资料、书籍,如:

雷世明主编. 焊接方法与设备. 北京:机械工业出版社,2002

机械工业职业技能鉴定中心指导中心编. 电焊工技术. 初级,中级. 北京:机械工业出版社,1999

曾乐主编. 现代焊接技术手册. 上海:上海科学技术出版社,1993

4. 介绍焊接知识的网站,如:

中国焊接 http://www.chinaweld.cn

焊接 21 世纪 http://www.weld21.com

中国焊接网 http://www.cws.com

鉴定

学完本单元后,请你完成本单元末的自测题和学习活动。

2.1 焊接方法简介

 学习目的

通过观看各种焊接方法在行业中的应用,你将能够确定是否进一步学习焊接方法,以及对你将来的工作是否有帮助。

学完本节后,你应能做到:

1. 能够正确地区分各种焊接方法。

2. 了解各种常见焊接方法的焊接过程。

3. 了解各种常见焊接方法在行业中的应用。

2.1.1 焊接的定义与分类

焊接就是通过加热或加压,或两者并用,用或不用填充材料,使焊件达到原子间结合力的一种加工方法。

目前,常用的主要焊接方法分类如图 2.1.1 所示。

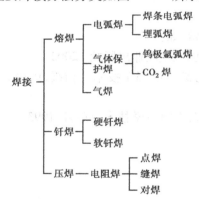

图 2.1.1 常用的主要焊接方法分类

1)**熔焊**:将两被焊工件局部加热并熔化以形成焊缝的焊接方法称为熔焊。

目前,熔焊是应用最广泛的焊接方法,常用的有焊条电弧焊、埋弧焊、CO_2 气体保护焊和钨极氩弧焊等。

2)**压焊**:将被焊工件在固态下通过加压(可加热或不加热)以完成焊接的方法称为压焊。

压焊包括电阻焊、锻焊、摩擦焊和冷压焊等,其中常用的焊接方法是电阻焊。

3)**钎焊**:钎焊是硬钎焊和软钎焊的总称,它是采用比被焊工件(母材)

熔点低的金属材料做钎料,将钎料加热到液态,填满固态母材之间间隙并相互扩散实现连接的一种焊接方法。

常用的钎焊方法主要有烙铁钎焊、火焰钎焊、电阻钎焊和感应钎焊等。

2.1.2　常见的焊接方法

下面对各种常见的焊接方法进行简单的介绍。

(1)焊条(手工)电弧焊

1)焊接过程

手工电弧焊是一个电弧焊接过程,在工件和带有药皮的焊条之间引燃电弧,电弧的热量熔化焊条和工件形成焊接接头。药皮产生的气体覆盖焊接区域防止空气进入,并且熔化后在焊缝表面形成焊渣保护层,如图2.1.2所示。

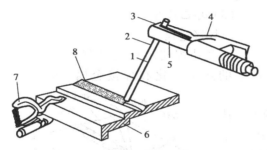

图 2.1.2　手工电弧焊操作示意图
1—焊条;2—药皮;3—焊条夹持端;4—绝缘把手;
5—焊钳;6—焊件;7—地线夹头;8—焊缝

2)用途

手工电弧焊应用广泛,可用于所有普通钢结构行业、压力容器行业和机械维修行业等。

(2)熔化极气体保护焊

熔化极气体保护焊是以填充焊丝作电极的一端,焊件作电极的另一端,保护气体从焊炬的喷嘴中以一定速度流出,将焊接区域与空气隔开,杜绝空气的有害作用,以便获得性能良好的焊缝的焊接方法。

保护气体一般用二氧化碳气体(CO_2)或氩气(Ar_2)。其中 CO_2 气体最为常用,这时的焊接方法称为 **CO_2气体保护焊**。

 注意

■ 熔化极气体保护焊的电极要熔化。

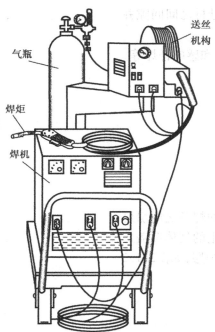

图 2.1.3 熔化极气体保护焊设备

2.1.4所示。

氧-乙炔焊接是一项需要练习的手工技能,可以使用焊丝,也可以不用焊丝,常用于薄型和中型厚度零件焊接,若焊接厚型金属则不太经济。

1)焊接过程

电弧在焊丝和工件之间引燃,焊丝通过机械装置连续进给,由操作人员手持焊炬进行焊接,保护气体通过气瓶从焊炬的喷嘴中以一定速度流出。

熔化极气体保护焊通常采用半自动化的焊接过程。正确选用焊丝和保护气体十分重要。

2)用途与设备

熔化极气体保护焊应用广泛,若选氩气做保护气体时几乎可以焊接各种钢材和有色金属,常用于机械类的各行各业中。熔化极气体保护焊设备组成如图 2.1.3 所示。

(3)氧-乙炔焊

1)焊接过程

氧-乙炔焊使用氧-乙炔气体燃烧产生的热量熔化和焊接金属,如图2.1.4所示。

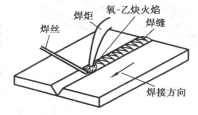

图 2.1.4 氧-乙炔焊

氧-乙炔焊接设备便宜,可随意移至需焊接、镀铜和加热的区域。它的缺点是焊接时产生大量的热量,导致焊接体焊后变形大。

2)用途与设备

氧-乙炔焊接常用于普通工程、轻型结构件和汽车行业中。其设备如图 2.1.5 所示。

(4)钨极惰性气体保护焊

1)焊接过程

钨极惰性气体保护焊是一个熔化焊接过程,热量是由钨极和工件之间的电弧产生的,而不是火焰产生的。

钨极的主要作用是传递电流以便产生电弧,而不是熔化形成焊接接头,可以使用手握

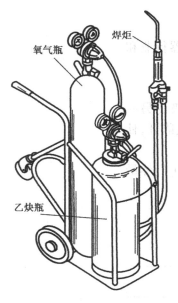

图 2.1.5 氧-乙炔焊设备

焊丝额外供给填充金属,如图2.1.6所示。

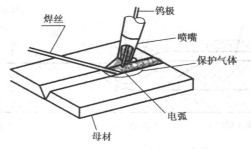

图2.1.6　钨极惰性气体保护焊示意图

通常使用氩气作为保护气体,主要是保护焊接接头,防止空气中的氮气和氧气与焊接接头接触,杜绝它们的有害作用,而氩气不会与其他元素发生化学反应。

 注意

> ■ 钨极惰性气体保护焊的电极不熔化。

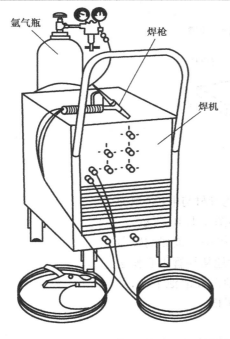

图2.1.7　钨极惰性气体保护焊设备

2)用途与设备

钨极惰性气体保护焊主要用在轻型结构和普通工程上。可以焊接大多数金属,特别适用于焊接不锈钢、铝和其他有色金属。其设备如图2.1.7所示。

(5)埋弧焊

1)焊接过程

埋弧焊使用裸露的金属丝,电弧依靠颗粒状焊剂来保护,一部分焊剂熔化后在焊缝表面形成一层焊渣。在焊接过程中,送丝机构将焊丝送到焊剂层下面燃烧,电弧埋在焊剂下,看不见弧光,可产生少量气体,因此称为埋弧焊,如图2.1.8所示。

电弧产生的热量熔化基体金属和焊丝,电弧由颗粒状焊剂保护,与大气隔开,焊剂覆盖层还可防止焊滴飞溅、电弧噪声和有害气体。采用适当的焊接速度可以使焊接变形减小到最小,埋弧焊的焊缝形成过程如图2.1.8所示。

2)用途与设备

埋弧焊通常用在大型零件或结构件行业,如管道、压力容器、锅炉、公路和铁路储罐以及其他要求直缝或环缝连续焊接的结构上。其设备如图2.1.9所示。

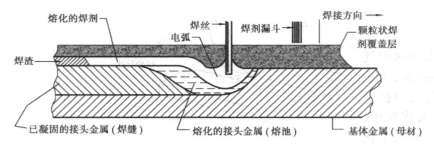

图 2.1.8 埋弧焊焊缝的形成过程

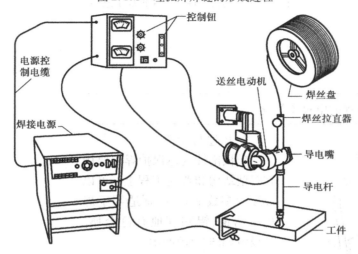

图 2.1.9 埋弧焊设备

（6）电渣焊

1）焊接过程

电渣焊是利用电流通过液态熔渣产生的电阻热熔化母材与电极（填充金属）形成焊缝的焊接方法。电渣焊焊缝的形成过程如图 2.1.10 所示。

电渣焊一般是垂直立焊焊接，生成一个纵向的焊接接头。被焊剂覆盖的空心导管放入两个间隔 25 mm 的钢板中间，焊丝连续地从导管中心输送下来，焊丝和母体金属被熔渣的热量熔化，形成金属熔池沉在渣池下面，并形成焊接接头。熔池和熔渣均封闭在水冷的铜制护壁里面。

2）用途

电渣焊专用于重型结构行业，如各种大型结构件的焊接，适用于焊接厚度超过 25 mm 的板材。

（7）电阻焊

电阻焊是利用电流通过接触处及焊件产生的电阻热，将焊件加热到局部熔化状态，再施加压力形成焊接接头的焊接方法。

电阻焊通常分为点焊、缝焊和对焊 3 种。

1）电阻点焊

电阻点焊是利用柱状电极通电、加压在两焊件之间，接触电阻产生的热量使焊件局部熔化，将接触面焊成一个焊点的方法，如图 2.1.11 所示。

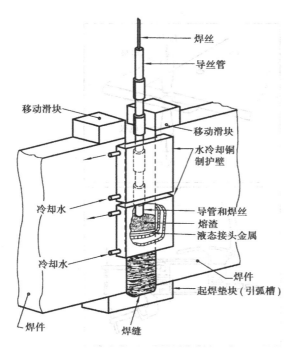

图 2.1.10　电渣焊焊缝的形成过程

电阻点焊生成一个小的圆形接头，两块搭接的金属被夹在两个铜合金电极之间，在两个铜合金电极之间接通电流并控制通电时间，电流产生的热量熔化结合点处，并通过两个电极的压力使两金属连接到一起形成焊接接头。

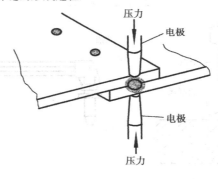

图 2.1.11　点焊示意图

点焊可用于 0.025 ~ 6 mm 厚的板材，但是大部分的点焊是用在厚度 < 3 mm 的板材上。

2）用途与设备

点焊常用于轻型结构件的焊接，如薄板的焊接、汽车车身的焊接等。其设备结构如图 2.1.12 所示。

（8）气体切割

气体切割（简称气割）是利用气体火焰的热能将割件切割处预热到一定温度后，喷出高速切割氧流，使其燃烧并放出热量实现切割的方法。气体切割示意图如图 2.1.13 所示。

1）气体切割的化学原理

加热的铁或钢与纯氧接触燃烧而发生的化学反应称为氧化反应。

2）过程

气割过程取决于：

• 把钢材加热到燃点（1 350 ℃）；

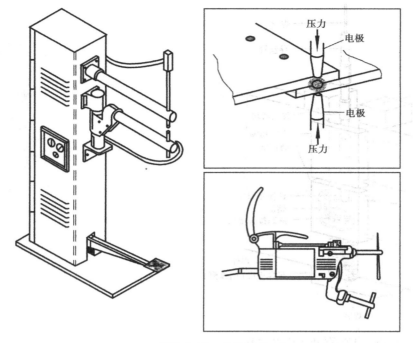

图 2.1.12　点焊设备

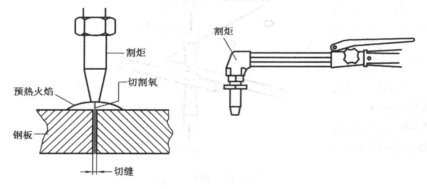

图 2.1.13　气体切割示意图

- 钢材在氧气喷射过程中氧化燃烧;
- 氧化形成的熔渣被氧气流吹走;
- 割炬的连续移动。

其中预热火焰的作用是加热金属表面几毫米厚的深度,目的是使金属表面温度达到燃点 1 350 ℃。

其余的金属厚度由金属和氧气燃烧后释放的热量加热。

注意

> ■ 如果没有预热火焰,将没有足够的热量维持氧化反应进行,因为氧气和周围的金属有冷却效应。

3)氧气切割的必要条件

氧气切割要正常进行必须满足两个条件:

- 金属的燃点必须低于熔点;
- 形成的氧化物熔化温度低于母体金属的熔化温度。

4)用途

氧-乙炔切割主要用于切割钢材。

(9)等离子切割

1)切割过程

等离子切割是将电弧压缩后获得比自由电弧温度更高、能量更集中的等离子弧作为热源切割金属的方法。

等离子切割比氧-乙炔切割应用更广泛,可以切割有色金属和黑色金属。

等离子电弧可在钨极和喷嘴之间,钨极和工件表面之间形成。

2)用途与设备

等离子切割可用于所有可以被等离子电弧熔化的金属,如不锈钢、铝合金、铸铁、合金钢和低碳钢。

等离子切割可切割各种形状,如直线、锥形和其他各种轮廓等。

等离子切割可用于轻、重工业。整套设备可以手工操作、全机械化操作或由电脑控制。等离子切割设备如图2.1.14所示。

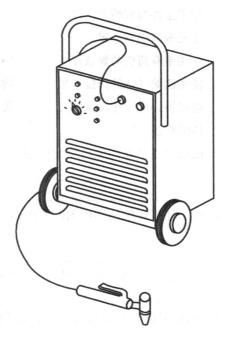

图 2.1.14　等离子切割设备

活动 1
1. 到实习基地或焊接车间,请识别各种焊接方法、焊接设备。
2. 面对某种焊接设备,请说明焊接工作过程及其用途。

自测题 1

下列问题将帮助你复习本节学习的内容,若有困难请向你的教师寻求帮助:

1. 请判断下列焊接方法有没有使用保护气体。

    A. 手工电弧焊　　　　　　□有　　　　□否

    B. 熔化极气体保护焊　　　□有　　　　□否

    C. 氧-乙炔焊　　　　　　　□有　　　　□否

    D. 钨极惰性气体保护焊　　□有　　　　□否

2. 连线题,请将下面描述的内容和对应的焊接方法名称连接起来。

使用颗粒状焊剂覆盖焊丝。	钨极惰性气体保护焊
电极不熔化,由惰性气体保护的焊接方法。	手工电弧焊
使用工件与割炬之间产生的电弧切割金属。	气焊
使用带有药皮的焊条焊接。	CO_2 保护焊
使用乙炔气体的焊接方法。	埋弧焊
电极要熔化,使用保护气体的焊接方法。	等离子弧切割

3. 说出手工电弧焊中药皮的作用。

_____

_____

4. 说出埋弧焊中使用焊剂的原因。

_____

_____

5. 说出氧-乙炔焊接中使用的气体名称。

_____

6. 请说明气体切割时,为什么需要预热火焰?

_____

_____

_____

2.2 实施手工电弧焊操作

 学习目的

学完这节内容后,你应能做到:

1. 了解手工电弧焊的工作原理。
2. 能够正确地选择焊接设备和耗材进行焊接。
3. 认识电焊常见的危险,并学会避免危险的方法。
4. 学会手工电弧焊的引弧、运条和收弧等基本操作方法。
5. 能够正确熟练地进行平焊、角焊操作。

 鉴定

学完本节后,请你完成本节末的自测题和学习活动。

2.2.1 手工电弧焊原理

 警告

◆ 记住如果不按照安全规则操作,电弧焊接是有危险的。
◆ 了解在职场中如何操作设备,正确选用焊接材料十分重要。

(1)手工电弧焊焊接过程

电焊机提供电能,使焊条和工件之间产生电弧。电流必须足够大才能熔化工件和焊条。根据不同的焊接情况,可调节电焊机的电流。手工电弧焊焊缝的形成情况如图 2.2.1 所示。

当电弧燃烧时,接触点的温度可升高到 6 000 ℃左右。这个热量集中在电焊条端部和焊接点上,可将焊条端部熔化形成熔滴,且在工件上形成一个小熔池,熔滴滴入熔池形成焊缝金属,焊条药皮熔化后可生成气体保护电弧,并在熔池上方形成熔渣覆盖层,起到保护熔池的作用。电焊条的熔化速度取决于电流的大小。

(2)用途

手工电弧焊可用于:

• 结构钢工件;

• 桥梁;

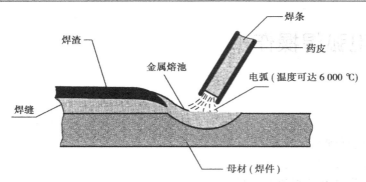

图 2.2.1　手工电弧焊焊缝形成示意图

- 压力容器；
- 罐类容器；
- 普通钢结构；
- 建筑设备,如推土机、挖掘机等。

(3)手工电弧焊设备位置摆放要求

手工电弧焊设备的位置摆放要求如图 2.2.2 所示。

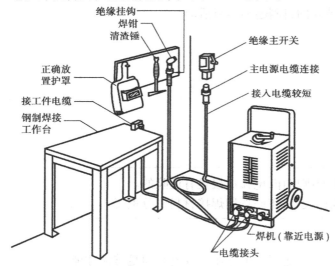

图 2.2.2　手工电弧焊设备摆放

 注意

■ 安装焊机时,焊机应尽量靠近电源,以保证电缆尽量短。因为电缆电压较高,有危险。

■ 检查电缆是否有损坏。

■ 使用完全绝缘的焊接电缆。

■ 确保焊钳与工作台绝缘,将焊钳挂在绝缘的挂钩上。

■ 不使用时,请断开电源开关。

（4）焊条

1）焊条的组成

焊条由焊芯和药皮组成,如图2.2.3所示。

焊条直径是指焊芯直径,焊条直径有$\phi1.6$,$\phi2.0$,$\phi2.5$,$\phi3.2$,$\phi4.0$,$\phi5.0$,$\phi6.0$等,其中常用的是$\phi2.5$,$\phi3.2$,$\phi4.0$。焊条长度一般为250~450 mm。

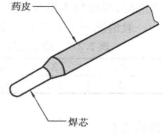

图2.2.3　焊条组成

2）焊条的酸碱性

焊条的酸碱性是以药皮熔渣的特性来划分的。

①**酸性焊条**:如果药皮的成分以酸性氧化物为主(如氧化钛),称为酸性焊条;一般金属材料的焊接主要选用酸性焊条。

②**碱性焊条**:如果药皮的成分以碱性氧化物为主(如氧化钙),称为碱性焊条。它只能采用直流电源焊接,一般用于对焊接质量要求较高的金属材料。

3）焊条型号的编制方法

国家标准GB 5117—85规定:焊条型号的编制用E××AB表示(以碳钢焊条为例)。

其中:E——焊条;

　　　××——熔敷金属抗拉强度的最小值;

　　　A——焊条的焊接位置,0和1都表示适用于全位置焊接;

　　　B——药皮类型和焊接电流种类。

 注意

■ 全位置焊接指可进行平、仰、立、横焊。

①如型号为E 4303的焊条,它表示的意思是:

"E"——焊条;

"43"——熔敷金属抗拉强度的最小值为430 MPa;

"0"——适用于全位置焊接;

"3"——药皮为酸性钛钙型,可用交、直流电源进行焊接。

②如型号为E 5015的焊条,它表示的意思是:

"E"——焊条;

"50"——熔敷金属抗拉强度的最小值为500 MPa;

"1"——适用于全位置焊接;

"5"——药皮为碱性低氢型,可直流反接进行焊接。

4）焊条的选择

①焊条型号的选择:

- 按焊条抗拉强度与母材等强度原则选择。
- 根据被焊金属材料的类别选择相应的焊条种类,如焊接碳钢时应选用碳钢焊条。

②焊条直径的选择:

按焊件厚度来选择,厚度较大的焊件应选直径较大的焊条;反之,应选直径较小的焊条。一般情况下可参考表2.2.1进行选择。

表2.2.1　焊条直径的选择

焊件厚度/mm	≤2	3	4 ~ 5	6 ~ 12	≥13
焊条直径/mm	2	3.2	3.2 ~ 4	4 ~ 5	4 ~ 6

5)焊条与焊机的关系

- 生产中如果采用酸性焊条(如E 4303),一般选用交流焊机。
- 如果采用碱性焊条(如E 5012),则应选用直流焊机反接,一般选用的直流焊机是弧焊整流器。

6)焊条与焊接电流的关系

焊接时,焊接电流是直接影响焊接生产率和焊接质量的重要因素。

- 增大焊接电流可提高劳动生产率,但焊接电流过大,会造成烧穿、咬边等缺陷,同时金属飞溅也较大;
- 焊接电流太小,不仅影响生产率,还会造成夹渣、未焊透等缺陷。

焊接电流主要根据焊条直径来确定,可参见表2.2.2。

表2.2.2　焊接电流与电焊条间的关系(钛铁矿型焊条)

焊条直径 φ/mm	1.6	2.0	2.5	3.2	4.0	5.0	6.0
焊接电流/A	25 ~ 40	40 ~ 65	50 ~ 80	100 ~ 130	160 ~ 210	200 ~ 270	260 ~ 300

7)焊条与焊接电压的关系

- 焊接电压主要由电弧长度来决定,电弧长,则电弧电压高;反之,则电弧电压低。
- 在焊接生产中,应尽可能采用短弧焊接,电弧长度一般小于焊条直径,以保证电弧稳定、电弧热能集中,并防止气体侵入。

8)直流弧焊电源的正接与反接

采用直流焊机时,由于正极和负极上的热量不同,因此有**正接**和**反接**两种接线方式。如图2.2.4所示为直流反接法。

①**正接法**:焊接工件接正极,焊条接负极。

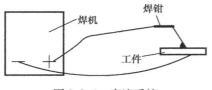

图2.2.4　直流反接

②**反接法**:焊接工件接负极,焊条接正极。

③使用酸性焊条(如E 4303)焊厚板时,一般采用**直流正接**,以保证足够的熔深。

④焊薄板时,一般采用直流反接,以防止烧穿。使用碱性焊条时,均采用**直流反接。**

(5)常见危险

由于手工电弧焊使用了电能,必须采取一定的预防措施,防止触电和烧伤。电焊时可能产生的危险有:

- 热金属。
- 热焊渣。
- 火花。
- 焊剂燃烧产生的气体。
- 电弧光。

(6)避免触电的方法

可以通过以下措施避免触电:

- 穿上干燥绝缘的靴子。
- 戴干燥的皮手套。
- 绝不能用裸手或戴湿手套更换电焊条。
- 绝不能在水中冷却焊钳。
- 尽可能在干燥绝缘的地板上工作。
- 绝不能将焊条或焊钳夹在腋下。

如果出现事故,应首先关掉电源。如果不能做到,请立即使用绝缘材料,帮助受害者离开电源。

(7)通风

由于药皮在焊接过程中会产生气体,因此:

- 在封闭空间中工作,必须要有足够的通风条件,请随时注意这一点。
- 保持头部远离电弧产生的气体。
- 有些金属在焊接时产生的气体有害,请不要吸入这些气体。比如焊接不锈钢、镍、镍合金或镀锌钢板时,需要采取进一步的预防措施,如戴口罩。
- 当自然或强制通风不足时,请戴上呼吸器。

(8)保护服装

如图2.2.5所示,穿保护服装的目的是保护眼睛和皮肤,避免有害的电弧射线。

图2.2.5 保护服装

可调头盔

防火紧身服装

皮手套

无翻边裤

防护靴

注意

在焊接时：
■ 绝不能观看电弧，请戴上有保护镜的防护面罩。
■ 使用保护屏隔开焊接工作区域，以保护周围工作的同事不受电弧光伤害。
■ 起弧时，请警告周围的人。

✍ **提示**

● 焊接电弧释放出紫外线和红外线，这些射线可能伤害你的皮肤和眼睛，要特别小心。
● 操作时，请始终戴上防护镜。

（9）避免烧伤的方法
● 如图 2.2.5 所示请穿戴保护服装，可以避免被飞溅的火花、焊渣和热工件烧伤或烫伤，工作时不能穿短袖衣服、短裤和凉鞋等。
● 在封闭空间内工作时，要特别小心。
● 请用钳子移动小的热工件。
● 焊接时，戴上皮手套。经常检查皮手套是否有孔洞。搬动非常热的工件时，应使用钳子，而不能依赖皮手套保护你。
● 仰焊时，应穿戴保护头盔和厚皮夹克。

活动 1
到焊接工作场地，请完成下列操作和要求：
1. 指出焊接场地存在的危险，并正确摆放电弧焊设备。
2. 正确穿戴保护服装。
3. 若焊接厚度为 5 mm 的低碳钢板，请正确选择焊条类型，焊条直径，交、直流焊机，焊接电流的大小，并填在下表中。

焊条类型	焊条直径	焊机类型	焊接电流

下面问题将帮助你复习本节的内容,若有困难请向你的教师寻求帮助:

1. 请完成以下内容:

　(1)请在图2.2.6中指出焊条的组成部分:

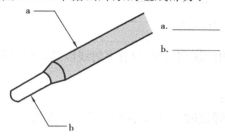

　　　a.＿＿＿＿＿
　　　b.＿＿＿＿＿

图2.2.6　焊条的组成

　(2)在手工电弧焊中,电弧温度大约是多少?

＿＿＿＿＿＿＿＿＿＿＿＿＿＿＿＿＿＿＿＿＿

　(3)请说出下列焊条型号的含义:

　　　E 4313:＿＿＿＿＿＿＿＿＿＿＿＿＿＿＿＿

　　　E 5003:＿＿＿＿＿＿＿＿＿＿＿＿＿＿＿＿

　(4)请把下列相对应的焊件厚度、焊条直径与焊接电流用直线连接起来。

焊件厚度/mm	焊条直径 ϕ/mm	焊接电流/A
4 ~ 5	2.0	160 ~ 210
6 ~ 12	2.5	40 ~ 65
≤2	3.2	200 ~ 270
≥13	4.0	100 ~ 130
3	5.0	50 ~ 80

　(5)焊接电压与弧长是何关系?

＿＿＿＿＿＿＿＿＿＿＿＿＿＿＿＿＿＿＿＿＿

＿＿＿＿＿＿＿＿＿＿＿＿＿＿＿＿＿＿＿＿＿

2. 请查阅资料,完成以下内容:

　学生查阅资料,列举酸性焊条、碱性焊条的不同点。

　酸性焊条:＿＿＿＿＿＿＿＿＿＿＿＿＿＿＿＿＿

＿＿＿＿＿＿＿＿＿＿＿＿＿＿＿＿＿＿＿＿＿＿＿

＿＿＿＿＿＿＿＿＿＿＿＿＿＿＿＿＿＿＿＿＿＿＿

　碱性焊条:＿＿＿＿＿＿＿＿＿＿＿＿＿＿＿＿＿

＿＿＿＿＿＿＿＿＿＿＿＿＿＿＿＿＿＿＿＿＿＿＿

＿＿＿＿＿＿＿＿＿＿＿＿＿＿＿＿＿＿＿＿＿＿＿

3.安全知识的学习

（1）列出 4 种焊接保护工具：

a. _____

b. _____

c. _____

d. _____

（2）列出电弧产生的两种有害射线以及它们的危害：

射线：_____

危害：_____

（3）列出焊接时 3 种减小触电危险的方法：

a. _____

b. _____

c. _____

2.2.2　手工电弧焊的基本操作

手工电弧焊的基本操作包括引弧、运条、收弧和焊件清理 4 个基本过程。

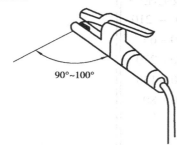

90°~100°

图 2.2.7　焊条与钳口夹角

（1）焊前准备

1）穿戴好必备的个人防护用品，包括工作服、工作帽、护脚和手套，牢记焊工操作的安全规则和安全规范，并在作业时贯穿始终。

2）检查电焊机和工具是否完好，如焊钳绝缘有无损伤，焊机外壳的接地是否良好。

3）调节焊接电流，如 $\phi 3.2$ 焊条的焊接电流调为 100～130 A。

4）检查焊条前端焊芯是否裸露，若引弧时不裸露，可轻微敲击，也可戴焊工手套捏除，力度不能过猛，以防止药皮脱落造成保护不良。

5）右手拿焊钳，焊条与钳口成 90°～100°，如图 2.2.7 所示。

6）手持面罩，看准引弧处，引弧处应无油污、锈迹。

7）面罩挡住面部，将焊条对准引弧处。

（2）焊接姿势

焊接时可采用坐、跪、蹲、立、靠、仰、卧等姿势，其中蹲式焊接较为常见，如图 2.2.8 所示。

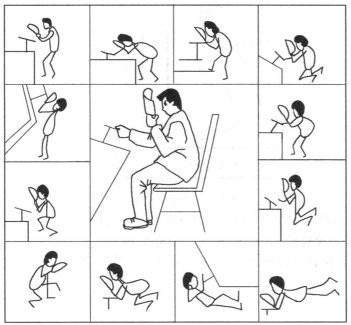

图2.2.8　焊接姿势

（3）焊接的基本操作

1）引弧

引燃焊接电弧的过程称为引弧。手工电弧焊常用的引弧方法有直击法和划擦法。

①直击法

a.用面罩挡住面部，焊条前端对准引弧处。

b.将手腕下弯，焊条轻微碰一下焊件。

c.迅速将焊条提起2~4 mm，即在提起的空间中产生电弧。引弧后，手腕放平，使弧长保持在与所用焊条直径相同的范围内，如图2.2.9所示。

这种方法不会使焊件表面划伤，在实际生产中常用。

②划擦法

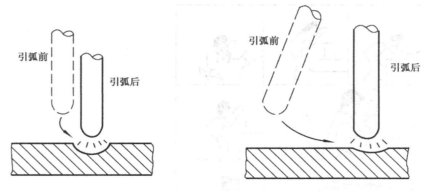

图 2.2.9 直击法引弧   图 2.2.10 划擦法引弧

将焊条前端对准焊件,然后将手腕扭转一下,使焊条在焊件表面轻微划擦一下(好似划火柴),焊条迅速提起 2~4 mm,即可引燃电弧。

引弧后,手腕放平,使弧长保持在与所用焊条直径相同的范围内,如图2.2.10所示。

③引弧不当的处理方法

A.焊条粘在焊件上

焊条粘在焊件上是由于焊条与焊件接触后,焊条提起时间不当所致,处理方法如下:

将焊条左右摆动几下即可脱离,如图2.2.11(a)所示。

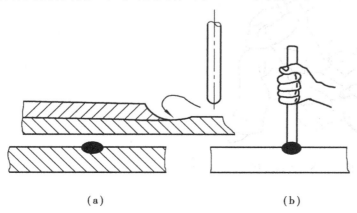

（a）   （b）

图 2.2.11 焊条粘在焊件上的处理
（a）摇动焊条 （b）用手将焊条扳下

若摇摆几下还不能脱离焊件,就应立即将焊钳从焊条上取下,待焊条冷却后,用手将焊条扳下,如图2.2.11(b)所示。

B.熄弧

焊条提起后电弧熄灭的现象称为熄弧。产生熄弧的原因是焊条提起距离过高。产生熄弧后,必须重新引弧。

C.不产生电弧

若焊条端部药皮妨碍导电,将不产生电弧。处理方法是将焊条药皮上妨碍的部分消除后再引弧。

2）运条

运条是整个焊接过程中最重要的环节,直接影响焊缝的外表成形,是衡量焊工操作技术的重要标志之一。

①焊条的基本运动

运条包括 3 个基本方向的运动:焊条朝熔池方向的送进,焊条的横向摆动,以及焊条沿焊缝方向的移动,如图 2.2.12 所示。

a.焊条的送进速度应等于焊条熔化的速度,以维持正常的弧长,如果送进速度太慢,就会熄弧,太快也会导致电弧熄灭。

b. 焊条的横向摆动可获得所需的焊缝宽度。

c.焊条沿焊缝方向移动,随着焊条的不断熔化,逐渐形成一条焊缝,焊条沿焊缝方向移动的速度要适当,过快易形成焊不透,过慢易形成焊缝过高,甚至烧穿。

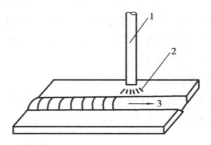

图 2.2.12   运条基本运动
1—焊条的送进;2—焊条的横向摆动;
3—焊条沿焊缝方向的移动

②焊条的角度

焊条与焊缝两侧焊件平面的夹角应相等,如对焊两边均应等于 90°。在焊缝方向上,焊条应向焊条运动方向倾斜 10°～25°以便气流把熔渣吹向后面,避免焊缝产生夹渣,如图 2.2.13 所示。

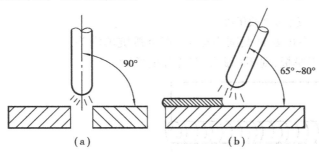

（a）　　　　　（b）

图 2.2.13   对焊时焊条的角度

③焊缝接头处的操作方法

如果一根焊条不能焊完整条焊道,为了保证焊道的连续性,要求每根焊条所焊的焊道相连接,此连接处称为焊缝的接头。接头处的操作方法很多,其中最常用的是头尾相连法。

头尾相连法:在先焊焊道弧坑前引弧,电弧的长度比正常焊接略长些,然后将电弧移到原弧坑 2/3 处,填满弧坑后即向前正常施焊,这是使用最多的方法,如图 2.2.14 所示。

3）收尾

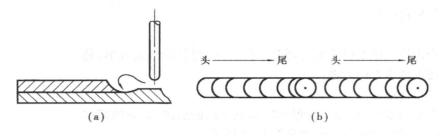

图 2.2.14　焊缝接头处头尾相连法

（a）焊缝接头处头尾相连的焊法　（b）焊缝接头处头尾相连焊缝

焊道的收尾是指一根焊条焊完后如何熄弧。如果立即拉断电弧,会在收尾处形成凹坑,甚至会产生裂纹。

常用收尾法有 3 种:

①反复断弧(又叫灭弧法)收尾法:在弧坑上做数次反复熄弧—引弧动作,直到弧坑填满为止,如图 2.2.15 所示。薄板的焊接常采用此法。

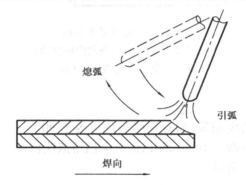

图 2.2.15　反复断弧收尾法

②划圈收尾法:焊条移至焊缝终止处时做圆周运动,直至弧坑填满为止,如图 2.2.16 所示。此法适用于厚板,薄板用此法有烧穿的危险。

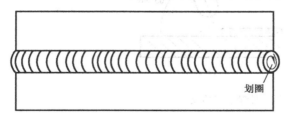

图 2.2.16　划圈收尾法

③回焊收尾法:当焊至终点时,焊条停止但不熄弧,而是适当改变回焊角度,回焊一小段(约 10 mm)距离,等填满弧坑以后,缓慢拉断电弧。此方法适用于碱性焊条,如图 2.2.17 所示。

4)焊缝清理

焊条收尾后,需对焊缝进行清理。清理过程如下:

①取下焊钳和面罩。

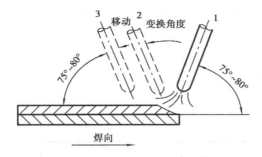

图 2.2.17　回焊收尾法

②选戴一副平光眼镜,清理焊渣时用于保护眼睛。

③取出清渣锤,右手握锤柄,锤子的尖端朝下,锤击焊缝表面的焊渣,如图 2.2.18 所示。

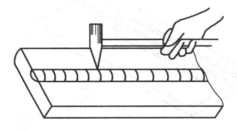

图 2.2.18　清渣

④用钢丝刷来回拖动,清除焊缝表面杂质,如图 2.2.19 所示。

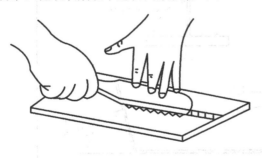

图 2.2.19　清除焊缝表面杂质

活动2　手工电弧焊——在钢板上试焊

一、任务

在低碳钢板上试焊,形成完整的焊缝。

二、目的

练习引弧、运弧的基本操作技能,形成完整的焊缝。

三、操作步骤

警告

◆ 遵守职场健康和安全规则。
◆ 戴上保护镜,以保护眼睛,防止电弧伤害。
◆ 穿戴适当的保护服装,包括皮手套等。

---

1. 目的:按照下列要求,练习焊接完整、均匀焊缝的技能。
2. 位置:水平。
3. 步骤:教师先演示。学生练习前,必须观看教师的演示。
4. 方法:

　(1)把钢板放在工作台上,从左到右焊接(左手操作者相反)。

　(2)沿长度方向在钢板上焊成焊缝,保持图示焊接角度、电弧长度 3 mm。

　(3)焊接其他各行,与钢板边缘平行,每行间隔 6 mm。

　(4)当钢板上表面被焊完后,翻转钢板,焊接另一面。

　(5)提交你的焊接工件供鉴定。

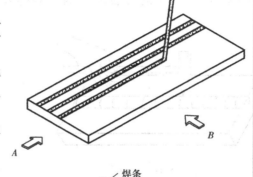

5. 注意:

　(1)电流调整和热量输入;

　(2)钢板放在工作台上的位置;

　(3)正确引弧方法;

　(4)电弧长度正确;

　(5)恰当的运条速度;

　(6)焊条角度。

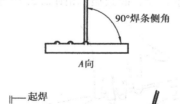
A向

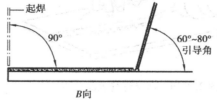
B向

6. 要求:

　★ 焊缝应均匀、连续,平滑开始,没有夹渣、飞溅。

　★ 焊缝高度 3 ± 1 mm。

7. 所需材料:1 件 75 mm × 10 mm × 225 mm 低碳钢板。

8. 经济性要求:请节约用材,因材料和耗材较贵,焊条使用到 < 50 mm 的剩余长度。

四、鉴定

你能够按照要求,安全地完成平焊焊接。

手工电弧焊——试焊操作鉴定单

草图:	

草图:

焊接电流参数: 焊缝序号1: 2: 3: 4: 5: 6: 7: 8: 9:	电焊条参数: 直径: 类型: 焊条角度:
材料参数: 类型:低碳钢板 厚度:	焊接时间: 开始时间: 结束时间: 完成焊件总共所花时间:

鉴 定	符合要求	不符合要求
电弧长度		
引弧		
飞溅		
学生姓名:	学号:	
教师签名:	日期:	

活动 3　手工电弧焊——在钢板上焊成完整的一片平焊缝

一、任务

在低碳钢板上平焊,形成完整的一片平焊缝。

二、目的

使你能够完成焊接行业所要求的平焊技能。

三、操作步骤

警告

◆ 遵守职场健康与安全规则。

◆ 使用有保护镜的保护面罩。

◆ 穿戴适当的保护服装,避免射线烧伤。

---

1. 目的:按照下列要求,练习在钢板上平焊的技能。

2. 位置:水平。

3. 步骤:教师先演示。学生练习前,必须观看教师的演示。

4. 方法:

   (1)用粉笔画出一个40 mm×200 mm 的方框。

   (2)把钢板放在工作台上。

   (3)沿钢板长度方向,保持图示角度进行焊接。

   (4)焊接下一行前,清除上一行的焊渣,每一行画圈结束,重新开始下一行。

   (5)焊满画定的方框,并进行检查。

   (6)评估焊接,完成鉴定单。

   (7)提交焊件供鉴定。

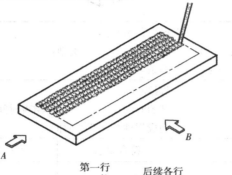

A向

5. 注意:

   (1)电流调整和热量输入;

   (2)钢板放在工作台上的位置;

   (3)正确的引弧方法;

   (4)电弧长度应正确;

   (5)恰当的运条速度;

   (6)焊条角度。

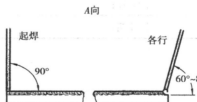
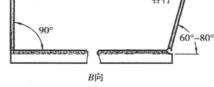

B向

6. 要求:

   ★ 焊缝高度3±1 mm。

   ★ 在40 mm×150 mm 区域内最多有4处表面缺陷,缺陷累计面积不超过钢板厚度形成的方块。

   ★ 无夹渣。

7. 所需材料:1件75 mm×10 mm×225 mm 低碳钢板。

8. 经济性要求:焊条使用到<50 mm 的剩余长度。

四、鉴定

你能够按照要求,安全地完成一片平焊缝焊接。

在钢板上进行平焊操作的鉴定单

草图:

焊接电流参数:
焊缝序号:1:　　2:　　3:　　4:
5:　　6:　　7:　　8:　　9:

电焊条参数:
尺寸:　　　　类型:
焊条角度:

材料参数:
类型:
厚度:

焊接时间:
开始时间:　　　　结束时间:
完成焊件总共所花时间:

鉴　定	符合要求	不符合要求
平焊		
表面缺陷		
飞溅		
焊渣		

学生姓名:　　　　　　学号:
教师签名:　　　　　　日期:

活动 4　手工电弧焊——角焊

一、任务
在厚度为 10 mm 的低碳钢板上焊接一条水平的角焊缝。
二、目的
保证你掌握在水平位置上进行角焊的技能。
三、操作步骤

警告

◆ 遵守职场健康与安全规则。

◆ 戴上适当的保护镜。

◆ 穿戴适当的保护服装。

1. 目的:按照下列要求,练习角焊的操作技能。

2. 位置:水平。

3. 步骤:教师先演示。学生练习前,必须观看教师的演示。

4. 方法:

（1）金属刷清除接头表面氧化皮。

（2）先焊住钢板两端,确保紧密结合。

（3）完成 50 mm 焊接,检查接头轮廓。

（4）完成焊接,请教师检查。

（5）打断接头,重新定位,进行焊接练习。

（6）评估焊接,完成步骤鉴定单。

（7）提交焊件供鉴定。

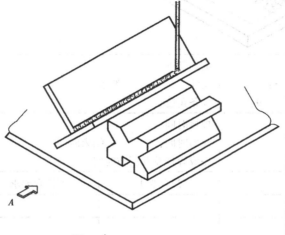

5. 要求:

★ 平滑的角焊接头,尺寸 6 ± 2 mm。

★ 咬边深度限制在 < 1 mm。

★ 对正装配,直角偏差限制在 0 ~ 5°。

★ 在整个长度上,最多有两处明显表面缺陷。

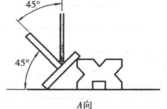

A向

6. 所需材料:2 件 50 mm × 10 mm × 225 mm 低碳钢板。

7. 经济性要求:焊条使用到 < 50 mm 的剩余长度。

四、鉴定

你能够按照要求,安全地完成一条角焊缝。

手工电弧焊——角焊操作鉴定单

草图:

A向

焊接电流参数:	电焊条参数:	
焊缝序号:1: 2: 3: 4:	尺寸: 类型:	
5: 6: 7: 8: 9:	焊条角度:	
材料参数:	焊接时间:	
类型:	开始时间: 结束时间:	
厚度:	完成焊件所花时间:	
鉴 定	符合要求	不符合要求
对正		
变形		
接头尺寸		
咬边		
表面缺陷		
学生姓名:	学号:	
教师签名:	日期:	

2.3 熔化极气体保护焊

 学习目的

学完这节内容后,你应能做到:
1. 了解熔化极气体保护焊的工作原理。
2. 能够正确地选择保护气体进行焊接。
3. 了解熔化极气体保护焊常见的危险,并学会避免危险的方法。
4. 能正确熟练地进行平焊、角焊等操作。

 鉴定

学完本节后,请你完成本节末的自测题和学习活动。

2.3.1 熔化极气体保护焊原理

 警告

对电焊过程必须小心。危险包括:
◆ 触电。
◆ 辐射的热量和热金属。
◆ 有毒气体。
◆ 焊接过程中,始终使用钳子,并戴上手套搬运热的金属件。

(1)熔化极气体保护焊
1)焊接原理
熔化极气体保护焊是以填充焊丝作电极,保护气体从焊炬的喷嘴中以一定速度流出,将焊接区域与空气隔开,杜绝空气的有害作用,以便获得性能良好的焊缝的焊接方法。
熔化极气体保护焊是一个半自动的焊接过程,焊丝由机械装置送进,通过焊炬到达工件,电源通过导电嘴传递给焊丝。其结构示意如图 2.3.1 所示,其设备如图 2.3.2 所示。
2)焊丝
焊丝直径一般为 0.6 ~ 2.5 mm,成卷供应。
3)保护气体
根据焊接材料的不同,可选择氩气或二氧化碳气体作保护气体,也可

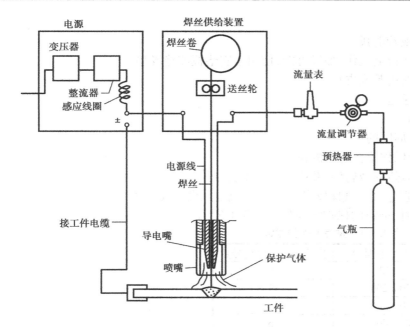

图 2.3.1　气体保护焊结构示意图

两者混合使用。

①氩气作保护气体时,一般称为熔化极氩弧焊。

它几乎可焊接所有金属,尤其适用于焊接铝及铝合金、铜及铜合金等有色金属。

②二氧化碳气体作保护气体时,一般称为 CO_2 焊。

焊接低碳钢和低合金钢等黑色金属材料时一般选用它,对容易氧化的有色多金属(如铜、铝、钛等),则不能用 CO_2 焊。目前,该方法应用广泛。

（2）用途

熔化极气体保护焊广泛应用在机械行业上,通过选择不同的保护气体、焊接材料、电焊机类型和参数调整,可以完成不同的工作。

气体保护焊主要应用于:

- 结构件制作;
- 锅炉和压力容器;
- 推土设备;
- 轻型结构(钣金);
- 普通工程等。

（3）安全措施

1）安全措施

- 应始终穿戴适当的保护服装,即

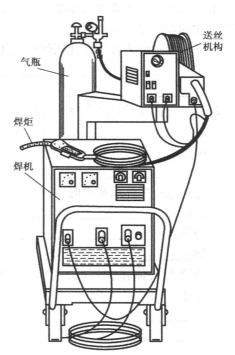

图 2.3.2　熔化极气体保护焊设备

工装裤、帽子等。

- 只能通过保护镜观看电弧。
- 应在绝缘良好的地板上工作,如果可能,使用木制垫板或绝缘垫。
- 应穿戴绝缘良好的皮靴或皮鞋。
- 电缆应远离人行通道。
- 穿戴干燥的皮手套。
- 引弧时,应先警告周围的人。
- 开始焊接时,确保保护罩在适当的位置。
- 始终使用钳子搬运热的金属件,并应穿戴皮手套。
- 确保足够的自然通风,如果气体较多,应使用强制通风设备或氧气罩。

2)进行气体保护焊时,推荐的保护滤镜如表2.3.1所示。

表2.3.1　推荐的保护滤镜

电流大约范围/A	推荐保护罩滤镜号数
≤150	10
150~250	11
250~300	12
300~400	13
≥400	14

保护罩和保护滤镜应符合国家有关规定。

自测题1

下列问题将帮助你复习本节的学习内容,若有困难请向你的教师寻求帮助:

1. 气体保护焊为什么要使用保护气体?

_____

_____

2. 列出气体保护焊的3种工业用途。

　　a. _____

　　b. _____

　　c. _____

3. 描述进行气体保护焊时,需要的个人保护设备。

眼睛:_____

身体:_____

脚:_____

4. 当进行气体保护焊时,列出3种防止有害气体的方法。

　　a. _____

　　b. _____

　　c. _____

2.3.2　实施 CO_2 气体保护焊操作

（1）CO_2 焊运丝方式

常用运丝（焊枪摆动）方式如图2.3.3所示。

图2.3.3　运丝（焊枪摆动）方式

（2）CO_2 气体保护焊操作要领

1）在操作中，一般均使用头盔式焊帽，双手持握焊枪进行焊接。

2）选择焊接工艺参数调整电流、电压和气体流量。

3）用专用尖嘴钳将焊丝端头掐断，使焊丝达到伸出的长度要求（5 ~ 15 mm）。

4）起头：打开焊帽上的活动镜片，右手握焊枪手柄，左手协助右手使焊枪嘴中心对准焊缝起头处，右手稳定住焊枪嘴的位置，左手立即将焊帽活动镜片复位，并返回到焊枪上来，右手立即钩按开关引弧，借助弧光找到始焊处，转入正常焊接。

5）接头：CO_2 接头焊时没有预热过程，即只要一按开关焊接就开始了，很容易使接头接偏或重叠过高，因此，要求稳、熟、准、快地完成一系列动作过程，整个过程与起头完全相似。

6）收尾：一般采用灭弧收尾法，以填满弧坑为宜。

 注意

■ 焊接作业中要经常检查焊缝，及时发现焊接缺陷，以便采取必要的预防措施。

活动1　CO_2 气体保护焊——在钢板上试焊焊缝

一、任务

在低碳钢板上试焊焊缝。

二、目的

练习在低碳钢板上试焊焊缝的技能。

三、操作步骤

 警告

◆ 遵守职场健康与安全规则。

◆ 完成工作后,关闭电焊机。

◆ 使电缆远离通道。

◆ 搬运热的金属件时,始终使用钳子,并戴上手套。

◆ 请认真识别冷、热工件,不要用手去摸热工件。

---

1. 目的:按照下列要求,在低碳钢板上使用气体保护焊试焊焊缝。

2. 位置:水平。

3. 步骤:教师先演示。学生练习前,必须观看教师的演示。

4. 方法:

(1)在边角余料上测试焊接情况,确定焊接步骤。

(2)按图示进行焊接。

(3)清洁焊缝,提交检查。

(4)翻转钢板继续练习。

(5)评估焊接练习,完成鉴定单。

(6)提交你的工件供鉴定。

5. 要求:

★ 焊缝外观应平滑、规则。

★ 焊缝高度尺寸 3 ± 1 mm。

6. 所需材料:1 件 100 mm × 12 mm × 225 mm 低碳钢板。

7. 经济性要求:使用边角余料试焊,调整设备参数,钢板反面也应用做练习。

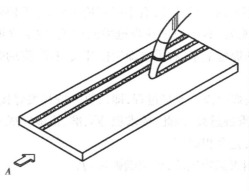

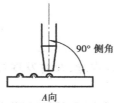

90° 侧角

A向

四、鉴定

你能够按照要求,安全地完成试焊操作。

CO$_2$ 气体保护焊——在钢板上试焊焊缝操作鉴定单

草图:	

90° 侧角

A向

电路输出参数:	耗材参数:
电流:	焊丝类型:
开路电压:	焊丝直径:
电弧电压:	气体类型:
	焊丝输送速度:

焊条参数:	材料参数:
焊丝伸出长度:	类型:
供丝速度:	厚度:
焊炬角度:　引导角:	焊接时间:
边角:	开始:　结束:　焊完共花时间:

鉴　定	符合要求	不符合要求
焊缝高度		
表面状况		
飞溅		
学生姓名:	学号:	
教师签名:	日期:	

活动2　CO₂ 气体保护焊——在钢板上平焊

一、任务

在低碳钢板上平焊一片焊缝。

二、目的

保证你能够按行业要求进行焊接。

三、操作步骤

警告

◆ 遵守职场健康与安全规则。

◆ 在焊接车间应戴安全防护镜。

◆ 穿戴适当的保护服装。

◆ 用钳子搬运热工件。

◆ 起弧时,警告周围的人。

◆ 焊接前,确保防护镜在适当的位置。

---

1. 目的:按照下列要求,在低碳钢板上使用气体保护焊进行平焊。

2. 位置:水平。

3. 步骤:教师先演示。学生练习前,必须观看教师的演示。

4. 方法:

(1)在边角余料上测试焊接情况,确定焊接步骤。

(2)在钢板上标出平焊的矩形框,如图所示。

(3)按图焊接。

(4)翻转钢板继续练习。

(5)评估焊接练习,完成步骤鉴定单。

(6)提交你的工件供鉴定。

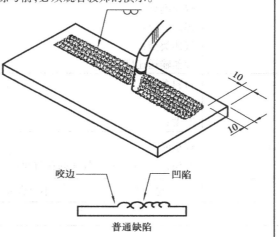

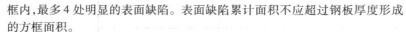

普通缺陷

5. 要求:

★ 焊缝外观应平滑、规则。

★ 焊缝高度尺寸3±1 mm。

★ 在 40 mm×150 mm 方框内,最多4处明显的表面缺陷。表面缺陷累计面积不应超过钢板厚度形成的方框面积。

6. 所需材料:1 件 100 mm×12 mm×225 mm 低碳钢板。

7. 经济性要求:使用边角余料试焊,调整设备参数,钢板反面也应用做练习。

四、鉴定

你能够按照要求,安全地在钢板上进行平焊。

CO_2 气体保护焊——在钢板上平焊操作鉴定单

草图:	
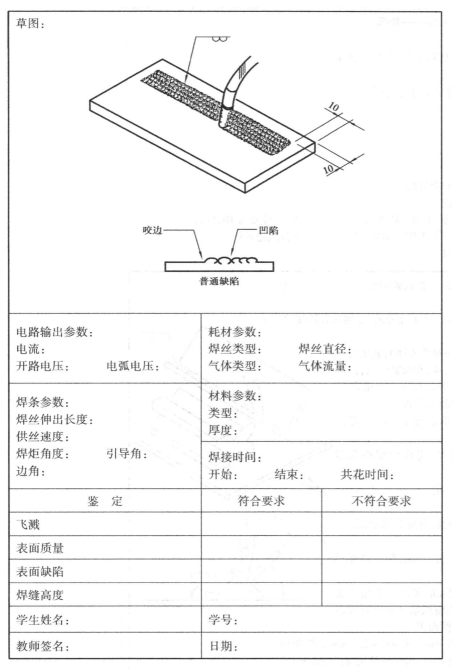	
电路输出参数: 电流: 开路电压: 电弧电压:	耗材参数: 焊丝类型: 焊丝直径: 气体类型: 气体流量:
焊条参数: 焊丝伸出长度: 供丝速度: 焊炬角度: 引导角: 边角:	材料参数: 类型: 厚度:
	焊接时间: 开始: 结束: 共花时间:

鉴　　定	符合要求	不符合要求
飞溅		
表面质量		
表面缺陷		
焊缝高度		
学生姓名:	学号:	
教师签名:	日期:	

活动3　CO_2 气体保护焊——角焊

一、任务

在厚度为 10 mm 的低碳钢板上焊接一条角焊缝。

二、目的

确保你能够在平焊位置上进行角焊。

三、操作步骤

 警告

◆ 遵守职场健康与安全规则。

◆ 戴上适当的保护镜。

◆ 绝不能观看电弧,除非戴上适当的滤镜,常用的滤镜号数为 10,11,13。

◆ 在绝缘良好的地板上工作。如果可能,使用木垫板或绝缘垫。

◆ 穿戴适当的保护服装。

1. 目的:按照下列要求,在低碳钢板上练习角焊技能。

2. 位置:水平。

3. 步骤:教师先演示。学生练习前,必须观看教师的演示。

4. 方法:

（1）用金属刷清除接头表面的氧化皮。

（2）先焊住钢板两端,确保紧密结合。

（3）完成 50 mm 焊接,检查接头轮廓。

（4）完成焊接,请教师检查。

（5）打断接头,重新定位,进行焊接练习。

（6）评估焊接情况,完成角焊操作鉴定单。

（7）提交焊件供鉴定。

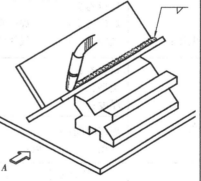

5. 要求:

★ 正确对直和组装,角度变形限制在 0 ~ 5°。

★ 焊缝外观应平滑、规则,焊缝高度尺寸 6 ± 2 mm。

★ 在整个焊缝上,最多两处明显的表面缺陷,表面缺陷面积累计不应超过钢板厚度形成的方框面积。

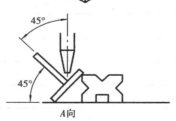

A向

6. 所需材料:2 件 50 mm × 10 mm × 225 mm 低碳钢板。

7. 经济性要求:耗材较贵,请节约使用保护气体和焊丝。

四、鉴定

要求你能够安全完成角焊焊缝,并达到鉴定单要求。

CO_2 气体保护焊——角焊操作鉴定单

草图：

45°

45°

A向

电路输出参数：		耗材参数：	
电流：		焊丝类型：　　焊丝直径：	
开路电压：　　电弧电压：		气体类型：　　气体流量：	
焊条参数：		材料参数：	
焊丝伸出长度：		类型：	
供丝速度：		厚度：	
焊炬角度：　　引导角：		焊接时间：	
边角：		开始：　　结束：　　共花时间：	
鉴　定		符合要求	不符合要求
对正			
变形			
接头尺寸			
表面质量			
表面缺陷			
学生姓名：		学号：	
教师签名：		日期：	

2.4 氧-乙炔焊

 学习目的

学完这节内容后,你应能做到:

1. 了解氧-乙炔焊接的工作原理。
2. 能够正确地选择氧-乙炔焊接设备和耗材进行焊接。
3. 了解氧-乙炔焊的常见危险,并学会避免危险的方法。
4. 学会氧-乙炔焊的基本操作方法。
5. 能正确熟练地进行氧-乙炔焊操作。

 鉴定

学完本节后,请你完成本节末的自测题和学习活动。

2.4.1 氧-乙炔焊工作原理

 警告

◆ 深入了解本单元的安全规则,确保生命安全。
◆ 你需要了解有关氧气和乙炔气体的所有安全要点。

(1)氧-乙炔焊接过程

氧-乙炔焊接是利用氧气和乙炔气体混合点燃后产生的高温火焰来熔化两个焊件连接处的金属和焊丝,使被熔化的金属形成熔池,冷却凝固后形成一个牢固的接头,从而使两焊件连接成一个整体的焊接方法。如图2.4.1 所示。

氧-乙炔火焰必须覆盖接头处的熔池,以避免空气腐蚀。

(2)氧-乙炔焊设备

氧-乙炔焊设备如图 2.4.2 所示。

1)氧气瓶:瓶体外表面为天蓝色,瓶体上用黑漆标注"氧气"字样。

2)乙炔瓶:瓶体外表面为白色,并用红漆标注"乙炔"字样。

3)调压器:它的作用是调节氧气和乙炔气体的压力,把气瓶内的高压气体降为工作所需的压力。

4)焊炬:它是用来控制气体混合比例、流量以及火焰结构。

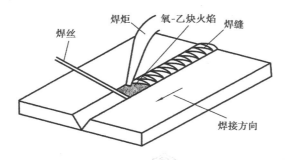

图 2.4.1 气焊焊缝形成示意图

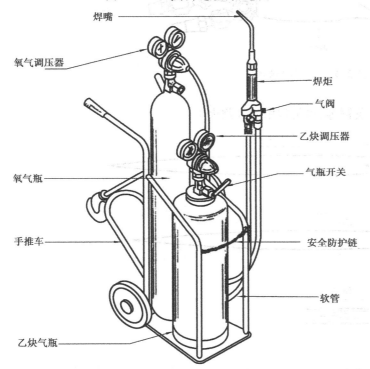

图 2.4.2 气焊设备

5)软管:氧气软管外表为黑色,乙炔软管外表为红色。

6)焊嘴:焊嘴有不同尺寸,适用于不同金属厚度,它们通过螺纹拧进焊炬端部的气体混合部位,如图 2.4.3 所示。

(3)氧-乙炔焊火焰

1)碳化焰:乙炔过量,乙炔燃烧不充分,火焰温度低,火焰形状大,其颜色发暗,而且没有力度,如图 2.4.4 所示。

主要适用于焊接高碳钢、铸铁及硬质合金等。

2)中性焰:氧气与乙炔量相当,乙炔燃烧充分,火焰温度可达 3 100 ~ 3 150 ℃,如图 2.4.4 所示。

主要适用于焊接一般碳素钢和有色金属。

3)氧化焰:氧气过量,火焰挺直且较短,焰心发白,温度可达 3 100 ~

71

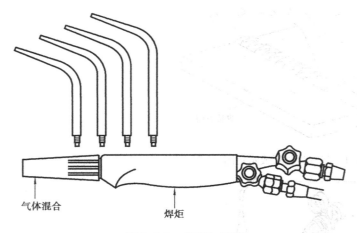

气体混合　　　　　　　　　焊炬

图 2.4.3　焊嘴与焊炬

3 300 ℃,如图 2.4.4 所示。

　　主要适用于焊接锰钢、黄铜等,也是常用的气割火焰。

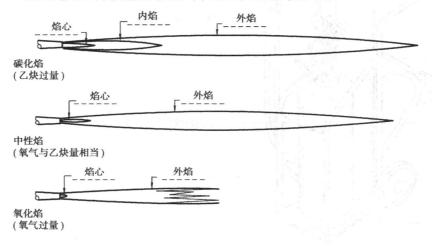

焰心　　　内焰　　　　　外焰

碳化焰
(乙炔过量)

焰心　　　　　　外焰

中性焰
(氧气与乙炔量相当)

焰心　　　　外焰

氧化焰
(氧气过量)

图 2.4.4　氧-乙炔焊火焰

　　(4)气焊丝

　　气焊丝有各种不同的直径。不同的焊丝适用于不同的接头金属,必须根据金属类型和使用的设备选择焊丝。一般说来,焊接黑色金属与有色金属所用焊丝的化学成分基本上与被焊金属的化学成分相同。

　　常用的气焊丝主要包括:

- 碳素结构钢焊丝。
- 合金结构钢焊丝。
- 不锈钢焊丝。
- 铜及铜合金焊丝。
- 铝及铝合金焊丝。
- 铸铁气焊丝等。

（5）氧-乙炔焊用途

1）气焊主要适用于：

- 厚度 <5 mm 薄板的焊接。
- 低熔点材料的焊接。
- 有色金属的焊接、钎焊。
- 磨损和报废件的补焊等。

2）氧-乙炔焊一般用于轻型结构行业，如：

- 修理零件，如修理各种轻型零件、汽车车身板材及废气管等。
- 用于现场。由于移动方便，常用于现场修理和制造轻型结构或机械。
- 由于具备焊接多种金属的能力，是一种有价值的维修工具。
- 由于焊接速度较慢，用途受限。

（6）保护服装

当进行氧-乙炔焊接时，必须保护好自己，以避免辐射的热量和射线。焊接时，请穿戴：

- 保护镜。
- 结实的、防火的保护衣服和裤子。
- 紧贴的皮鞋和皮靴。
- 皮手套。
- 头盔。

（7）危险

 注意

氧气本身不能燃烧和爆炸，但可以支持材料燃烧。

1. 氧气安全

■ 不要使用氧气来代替压缩空气操作气动工具。

■ 不能用氧气来代替压缩空气进行喷漆。

■ 不能用氧气清洁管道、容器等。

■ 不能用氧气来清洁封闭空间内的有毒气体。

■ 在天气热时，不能图凉快而用氧气来冷却自己。

2. 乙炔安全

■ 不要试图将乙炔气体从一个气瓶转移到另一个气瓶中。

■ 使用乙炔时，不要从气瓶上取下气瓶开关。

■ 应在凉爽通风的区域，向上直立保存乙炔气瓶。

注意

- ■ 确保工作区域通风良好。
- ■ 当焊完工件后,请标上"高温"警告其他人不要接触工件。
- ■ 氧-乙炔混合气的燃烧温度大约 3 100 ℃,请特别小心。
- ■ 在设备损坏或有故障时,请及时向教师报告。

如果设备使用恰当,氧-乙炔焊接使用起来相当安全。

自测题 1

下列问题将帮助你复习本节的学习内容,若有困难请向你的教师寻求帮助:

1. 请列出 4 种氧-乙炔焊接时所必需的设备。

    a. _____   b. _____

    c. _____   d. _____

2. 气瓶靠形状和颜色区分,指出下面气瓶的颜色。

    a. 氧气瓶:_____

    b. 乙炔气瓶:_____

3. 指出使用氧-乙炔焊接的两种用途。

    a. _____

    b. _____

4. 请列出氧-乙炔焊的 3 种火焰的名称、特点和适用范围。

    a. _____

    b. _____

    c. _____

5. 氧-乙炔焊接过程中,空气是如何与熔池隔开的?

    _____

    _____

6. 进行氧-乙炔焊接时,列出 3 种保护设备。

    a. _____

    b. _____

    c. _____

2.4.2　氧-乙炔气焊的操作技术

(1)氧-乙炔焊的基本操作技能

1)火焰的点燃

在点燃火焰时,应先稍许开启氧气调节阀,再开乙炔调节阀,此时将焊炬接近火源,即可点燃。

注意

■ 在焊接过程中,若发现火焰不正常时,要及时调节或用通针将焊嘴内的杂质清除掉,使火焰颜色正常后,方可继续焊接。

2)火焰的调节

点燃火焰后,分别调节氧气调节阀和乙炔调节阀,可获得所需的火焰性质。

3)火焰的熄灭

熄灭火焰时,应先关闭乙炔调节阀,后关闭氧气调节阀。

4)起焊

使焊炬在起焊处往复移动,使温度均匀上升,当起焊处形成熔池时,即可加入焊丝,并向前移动焊炬进行正常焊接。

5)焊丝的填充方法

焊接时,将焊丝末端置于外层火焰下,当焊丝熔滴进入熔池后,要立即将焊丝抬起,并将火焰向前移动,形成新的熔池,然后加入焊丝,如此循环就形成了焊缝。

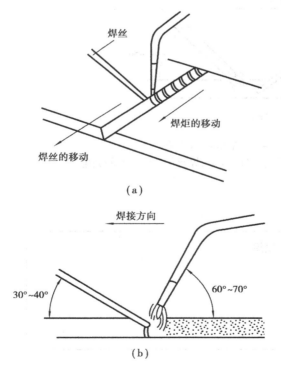

图 2.4.5　左焊法示意图
(a)焊炬与焊丝的移动　(b)焊炬、焊丝与焊件表面的夹角

（2）气焊的基本操作方法

1）左焊法

左焊法是指焊炬从接头右端向左端移动，并指向待焊部分的操作方法，如图 2.4.5 所示。

左焊法操作方便，容易掌握，应用最普遍。

一般用于焊接厚度 <5 mm 的薄板和低熔点的金属。

2）右焊法

右焊法是指焊炬从接头左端向右端移动，并指向已焊部分的操作方法，如图 2.4.6 所示。

右焊法不易掌握，一般较少采用。

它只适用于厚度较大、熔点较高焊件的焊接。

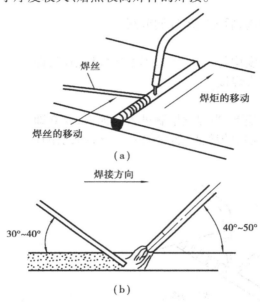

图 2.4.6　右焊法示意图

（a）焊炬与焊丝的移动　（b）焊炬、焊丝与焊件表面的夹角

活动 1　氧-乙炔焊接——在钢板上试焊

一、任务

在低碳钢板上试焊焊缝。

二、目的

练习氧-乙炔焊操作技能。

三、操作步骤

警告

◆ 遵守职场健康与安全规则。
◆ 焊接中请始终戴上防护镜。
◆ 火焰应远离调压开关、软管、衣服以及其他人。
◆ 确保设备工作状况良好。

1. 目的:按照下列要求,在低碳钢板上使用氧-乙炔气体焊试焊焊缝。
2. 位置:水平。
3. 步骤:教师先演示。学生练习前,必须观看教师的演示。
4. 方法:
   (1)调整气焊设备,连接牢靠,气压调整适当。
   (2)按图示练习1放置钢板。
   (3)点燃火焰。焊接前,检查:
   • 气体混合。
   • 焊炬角度。
   • 焊丝与平面角度(视图A)。
   (4)评估完成的焊缝,并重复练习。
   (5)经过足够的练习后,添加焊丝生成连续焊缝如练习2所示。
   (6)评估练习,完成步骤鉴定单。
   (7)提交你的工件供鉴定。

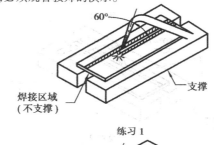

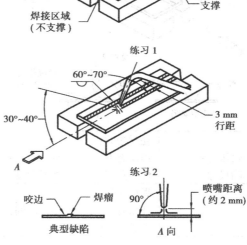

5. 要求:
   ★ 使用中性火焰。
   ★ 焊缝连续长度 150 mm。
6. 所需材料:
   1 件 50 mm×3 mm×150 mm 低碳钢板;
   1 件 50 mm×1.6 mm×150 mm 低碳钢板。
7. 经济性要求:使用钢板两面进行练习,用剩的材料退回仓库。

四、鉴定
你能够按照要求,安全地进行氧-乙炔试焊。

氧-乙炔焊接——在钢板上试焊操作鉴定单

草图：

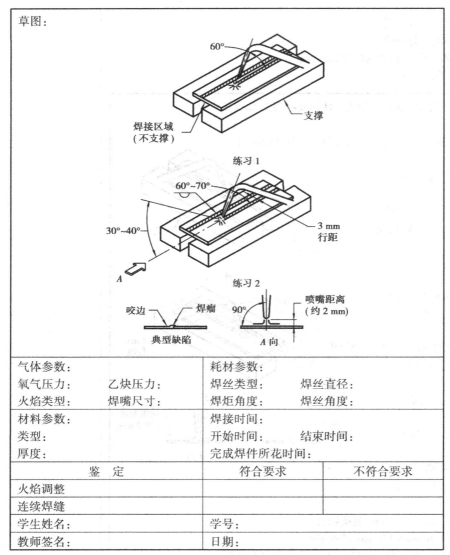

气体参数：		耗材参数：	
氧气压力：	乙炔压力：	焊丝类型：	焊丝直径：
火焰类型：	焊嘴尺寸：	焊炬角度：	焊丝角度：
材料参数：		焊接时间：	
类型：		开始时间：	结束时间：
厚度：		完成焊件所花时间：	

鉴　定	符合要求	不符合要求
火焰调整		
连续焊缝		
学生姓名：	学号：	
教师签名：	日期：	

活动2　氧-乙炔焊接——外角焊

一、任务

在薄钢板的外角上平焊一道焊缝。

二、目的

掌握外角焊技能。

三、操作步骤

警告

◆ 遵守职场健康与安全规则。
◆ 戴上适当的保护镜,确保眼镜紧贴,滤镜为 5 或 6 号。
◆ 使火焰远离调压表、软管、衣服和其他人。

1. 目的:按照下列要求,在低碳钢板上练习外角焊技能。
2. 位置:水平。
3. 步骤:教师先演示。学生练习前,必须观看教师的演示。
4. 方法:
(1)组装和固定两个钢板形成角接头,确保正确组装和对准。
(2)在水平位置焊接,长度为 50 mm。
(3)检查接头轮廓和渗透情况,完成焊接。
(4)经过检查,焊接下一段,并重复练习技能。
(5)当达到熟练技能后,重复工作。
(6)完成练习 1 后,继续练习 2。
(7)如图所示,完成其他部分工作。
(8)评估焊接,完成鉴定单。
(9)提交焊件供鉴定。

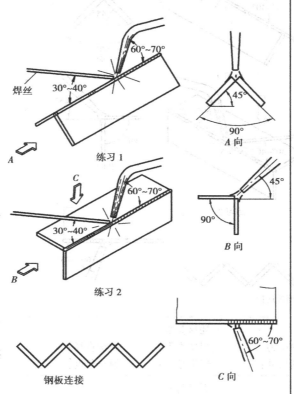

5. 要求:
★ 正确对直和组装,角度变形限制在 0~5°。
★ 焊缝高度尺寸等于钢板厚度 ±1 mm。
★ 在整个焊缝上,最多两处明显的表面缺陷,累计表面缺陷不应超过 10 mm 方框。
6. 所需材料:2 件 50 mm×3 mm×150 mm 低碳钢板。
7. 所需件数:6 件。
8. 经济性要求:按图对正和固定钢板,连接所有焊丝端头供使用,用剩材料退回仓库。

四、鉴定
能够按照本单元的操作步骤要求,安全地完成外角焊焊接。

氧-乙炔焊接——外角焊操作鉴定单

草图：

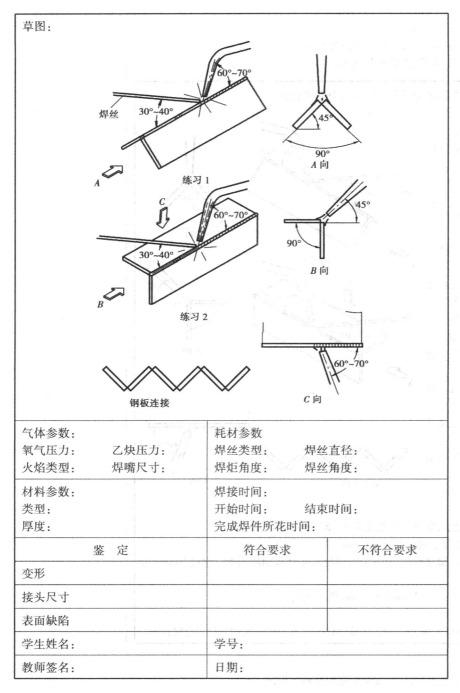

气体参数：	耗材参数	
氧气压力：　　乙炔压力：	焊丝类型：　　焊丝直径：	
火焰类型：　　焊嘴尺寸：	焊炬角度：　　焊丝角度：	
材料参数：	焊接时间：	
类型：	开始时间：　　结束时间：	
厚度：	完成焊件所花时间：	

鉴　定	符合要求	不符合要求
变形		
接头尺寸		
表面缺陷		
学生姓名：	学号：	
教师签名：	日期：	

活动 3　氧-乙炔焊接——角焊

一、任务

在钢板上平焊一条角焊缝。

二、目的

保证你掌握气焊焊接角焊缝的技能。

三、操作步骤

警告

◆　遵守职场健康与安全规则。

◆　戴上保护镜。

◆　使火焰远离调压开关、软管、衣服以及其他人。

◆　在完成的工件上标上"高温",警告他人不要接触。

◆　观看氧气和乙炔气安全的规定。

---

1. 目的:按照下列要求,在低碳钢板上练习角焊技能。

2. 位置:水平。

3. 步骤:教师先演示。学生练习前,必须观看教师的演示。

4. 方法:

(1) 用金属刷清除接头表面的氧化皮。

(2) 按 90° 对正钢板。

(3) 固定接头,检查并调整至 90°。

(4) 焊接 50 mm,检查焊缝轮廓和渗透情况。

(5) 完成接头。

(6) 评估焊接,完成鉴定单。

(7) 提交焊件供鉴定。

5. 要求:

★　正确对直和组装。

★　焊缝高度尺寸 3 ± 1 mm。

★　在 150 mm 焊缝长度上,最多 3 处明显的焊接缺陷。累计表面缺陷不应超过 10 mm 的方框。

6. 所需材料:2 件 25 mm × 1.6 mm × 150 mm 低碳钢板;2 件 50 mm × 1.6 mm × 150 mm 低碳钢板。

7. 经济性要求:按指示对正和固定钢板,连接焊丝端头,剩余的材料退回仓库。

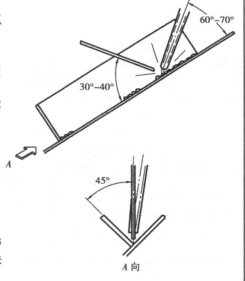

四、鉴定

要求你安全地完成角焊焊接,达到本单元操作步骤要求。

氧-乙炔气焊——角焊操作鉴定单

草图：

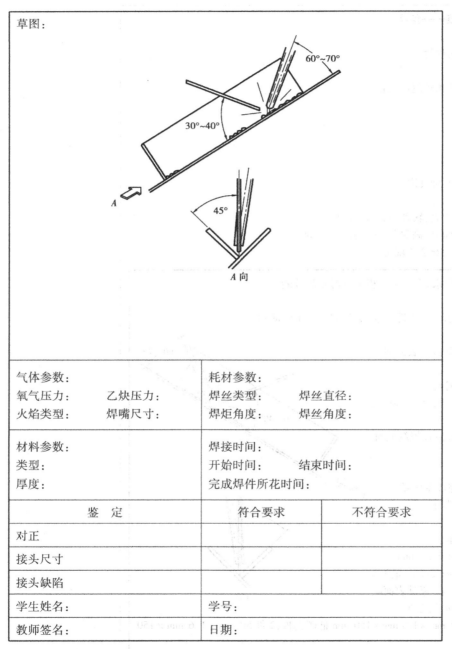

A 向

气体参数：		耗材参数：	
氧气压力：	乙炔压力：	焊丝类型：	焊丝直径：
火焰类型：	焊嘴尺寸：	焊炬角度：	焊丝角度：

材料参数：	焊接时间：	
类型：	开始时间：	结束时间：
厚度：	完成焊件所花时间：	

鉴　　定	符合要求	不符合要求
对正		
接头尺寸		
接头缺陷		
学生姓名：	学号：	
教师签名：	日期：	

 单元鉴定

单元2 鉴定表格:

2.1　焊接方法简介鉴定表格

鉴定内容	完　成	否
你是否完成自测题1,并得到教师的确认?		
你是否完成活动1的要求,并得到教师的确认?		
你是否能回答教师提出的问题?		

　　教师签字:_____学生签字:_____日期:_____

2.2　实施手工电弧焊操作鉴定表格

鉴定内容	完　成	否
你是否完成自测题1,并得到教师的确认?		
你是否完成活动1的要求,并得到教师的确认?		
你是否完成活动2的要求,并得到教师的确认?		
你是否完成活动3的要求,并得到教师的确认?		
你是否完成活动4的要求,并得到教师的确认?		
你是否能回答教师提出的问题?		

　　教师签字:_____学生签字:_____日期:_____

2.3 熔化极气体保护焊鉴定表格

鉴定内容	完 成	否
你是否完成自测题 1,并得到教师的确认?		
你是否完成活动 1 的要求,并得到教师的确认?		
你是否完成活动 2 的要求,并得到教师的确认?		
你是否完成活动 3 的要求,并得到教师的确认?		
你是否能回答教师提出的问题?		

教师签字:_____ 学生签字:_____ 日期:_____

2.4 氧-乙炔焊鉴定表格

鉴定内容	完 成	否
你是否完成自测题 1,并得到教师的确认?		
你是否完成活动 1 的要求,并得到教师的确认?		
你是否完成活动 2 的要求,并得到教师的确认?		
你是否完成活动 3 的要求,并得到教师的确认?		
你是否能回答教师提出的问题?		

教师签字:_____ 学生签字:_____ 日期:_____

单元学习评估

现在学生已经完成了这一单元的学习,希望学生能对所参与的活动提出意见,请你在相应的栏目内打"√"。

评估内容	非常同意	同意	没有意见	不同意	非常不同意
1. 这一单元给我很好地提供了……的综述					
2. 这一单元帮助我理解了……的理论					
3. 我现在对尝试……感到了自信					
4. 该单元的内容适合我的需求					
5. 该单元中举办了各种活动					
6. 该单元中不同部分融合得很好					
7. 单元学习中教师待人友善愿意帮忙					
8. 单元学习让我做好了参加评估的准备					
9. 该单元中所有的教学方法对我的学习起到了帮助作用					
10. 该单元提供的信息量正好					
11. 评估看来公平、适当					
你对改善本科目后面单元的教学有什么建议?					

单元 **3**　实施气割技术

 学习目的

学完本单元后,你应能做到:

1. 了解气割的工作原理。
2. 能够正确地选择气割设备和耗材进行切割。
3. 了解气割常见的危险,并学会避免危险的方法。
4. 在进行焊接或气割操作时,能正确地识别不安全的地方或危险物品。
5. 学会气割的基本操作方法。
6. 能正确熟练地进行气割操作。

 学习资源

1. 气割操作设备,如氧气瓶、乙炔瓶及气割枪等。
2. 介绍气割使用方法的光盘。
3. 介绍热切割的文字资料、书籍等,如:
机械工业行业协会主编. 铆工工艺学. 北京:机械工业出版社,2002
机械工业职业技能鉴定指导中心主编. 气焊工技术. 初级,中级. 北京:
机械工业出版社,1999

 鉴定

学完本单元后,请你完成本单元末的自测题和学习活动。

3.1　气割工作原理

 警告

> ◆ 当进行气割时,由于切割火焰可将金属火花喷溅很远,因此,必须小心。
> ◆ 请穿戴与焊接时同样的保护服装。

3.1.1 气割过程

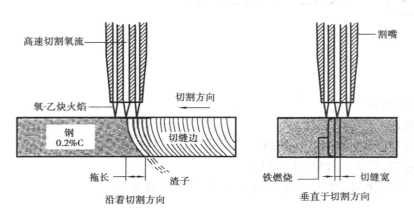

图 3.1.1 气割过程示意图

气割是利用气体火焰的热能将割件切割处预热到一定温度后,喷出高速切割氧流,使其燃烧并放出热量实现切割的方法,如图 3.1.1 所示。其中梅花形割嘴形状如图 3.1.2 所示。

图 3.1.2 梅花形割嘴

(1)气割反应原理

当把一块铁或钢加热到一定温度(燃点)时,铁或钢将燃烧形成一种低熔点的物质叫氧化铁,同时燃烧会产生大量的热,导致材料氧化反应扩散,生成的氧化铁增多,使切割继续进行。

燃点是氧化反应开始的温度。低碳钢的燃点是 1 350 ℃,这个温度远低于它的熔点 1 500 ℃。

(2)气割过程

1)预热:先用火焰使起割处的金属温度升高到燃点。

2)燃烧:对加热部位喷射切割氧,使金属在纯氧中剧烈地燃烧。

3)氧化与吹渣:金属氧化燃烧后,生成熔渣并放出大量的热,熔渣被切割氧吹掉,产生的热量又将下层金属加热到燃点,这样继续下去就将金属逐渐地割穿。

注意

■ 金属的气割实质是金属在纯氧中的燃烧过程,而不是金属的熔化过程。

■ 火焰的用途是加热金属到燃点,确保切割能够开始。从理论上讲,一旦切割开始,火焰就没必要了。但是,热量通过工件的传导作用散失,因此,有必要保持预热火焰。

■ 常用的预热火焰是氧-乙炔、氧-液化石油气和氧-天然气火焰,其中,氧-乙炔火焰最常用。

3.1.2　氧气切割的条件

如果金属进行气割,必须满足以下条件:

• 金属材料的燃点应低于熔点,以便金属是被火焰切割而不是被熔化。纯铁和低碳钢符合上述条件;铜、铝及铸铁的燃点均比熔点高,故不适用于气割。

• 切割形成的氧化物熔点应低于被切割的金属的熔点。其中,高碳钢、灰铸铁、铝及铝合金氧化物的熔点均高于材料本身熔点。

• 金属在氧气中燃烧时放出的热量大。

3.1.3　气割设备

便携式氧-乙炔气割设备与氧-乙炔焊接设备相比,只要将焊炬换成割炬连接到软管上即可。设备组成如下:

• 氧气瓶;
• 乙炔气瓶;
• 调压开关;
• 软管;
• 割炬;
• 割炬喷嘴。

下面介绍割炬的相关知识。

(1)割炬的作用

割炬的作用是将可燃气体与氧气以一定方式和比例混合后,形成预热火焰,并高速喷射切割氧进行气割。

（2）割炬的分类

1）割炬按可燃气体和氧气混合的方式不同,可分为射吸式和等压式两种,其中,射吸式应用广泛,其结构如图3.1.3所示。

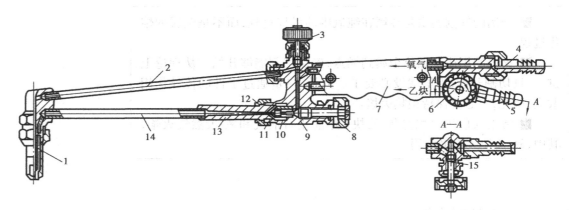

图3.1.3　G01-30 型射吸式割炬的构造

1—割嘴;2—切割氧气管;3—切割氧调节阀;4—氧气管接头;5—乙炔管接头;

6—乙炔调节阀;7—手柄;8—预热氧调节阀;9—主体;10—氧气阀针;

11—喷嘴;12—射吸管螺母;13—射吸管;14—混合气管;15—乙炔阀针

2）割炬按用途不同,可分为普通割炬、重型割炬以及焊割两用割炬。其中,普通割炬比较便宜,用途广,但不具备切割大厚度金属的能力。其结构如图3.1.4所示。

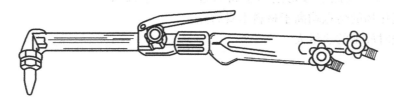

图3.1.4　普通割炬

割炬可手动控制(自由切割),也可使用辅助工具稳定割炬,如图3.1.5所示加装滚轮和导轨,以改进切割质量。

（3）割炬型号

割炬型号由一个汉语拼音字母以及表示结构和形式的序号数、规格组成。

例如,G01-30 型割炬。

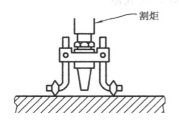

图3.1.5

其中:"G"——割炬;

"0"——手工;

"1"——射吸式割炬(若是"2",则表示等压式割炬);

"30"——最大切割厚度为 30 mm。

（4）割炬喷嘴

常见的割炬喷嘴形状如图 3.1.6 所示。

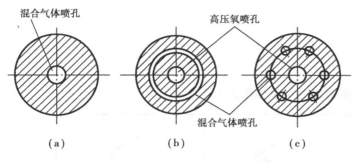

图 3.1.6　常见割嘴形状

（a）焊嘴　（b）环形割嘴　（c）梅花形割嘴

3.1.4　机械切割

在工程车间,用于制作钢结构部件的火焰切割机是必需的设备。由于割炬可被刚性地固定在与工件适当的距离上,且切割速度均匀。因此,该设备与手工切割相比有巨大的优越性,尤其能精确地切割厚度大的部件。

3.1.5　安全

进行火焰切割时,由于火花可喷射很远,因此要特别小心。操作人员必须穿戴必要的保护服装(与焊接时相同),主要包括:
- 工装裤。
- 保护镜(5 号滤镜)。
- 皮手套。
- 皮围裙。
- 加盖的靴子。
- 鞋罩。
- 保持所有设备完好。

设备有故障或损坏时,请报告教师。

3.1.6　切割质量

影响切割质量的因素是:
- 金属材料的组成。

- 工件表面的清洁度——应没有油漆、油脂、油污及锈迹等。
- 切割喷嘴的尺寸、状况。
- 气体压力。
- 预热火焰尺寸。
- 切割速度。
- 喷嘴与工件的距离。

切割质量影响因素变化所造成的结果如图 3.1.7 所示。

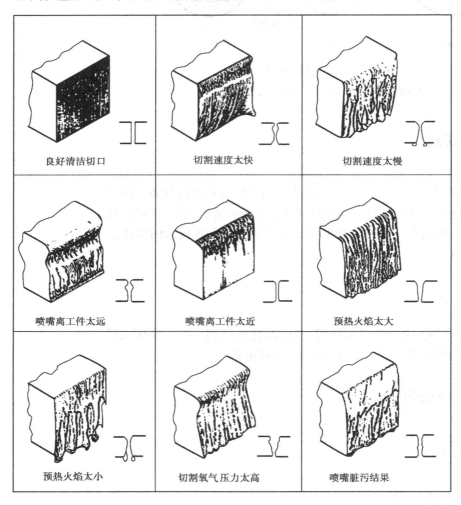

图 3.1.7　切割质量影响因素变化造成的结果示意图

下列问题将帮助你复习本节的学习内容,若有困难请向你的教师寻求帮助:

1. 火焰切割要求低碳钢被加热到的燃点温度是:

   _____

2. 列出火焰切割的另外两个步骤。

   a. 用火焰将金属的一小部分加热到燃点。

   b. _____

   _____

   c. _____

   _____

   _____

3. 指出 3 种适合氧气火焰切割的燃料气体。

   a. _____

   b. _____

   c. _____

4. 进行火焰切割时,用来支持燃烧的气体是:

   _____

5. 当进行火焰切割时,列出 4 件必需的个人穿戴保护用品:

   a. _____

   b. _____

   c. _____

   d. _____

6. 割炬型号 G02-100 表示的意思是:

   _____

7. 列出影响火焰切割质量的因素。

   a. 工件表面——应该没有油漆、油污及油脂等。

   b. _____

   c. _____

   d. _____

   e. _____

   f. _____

3.2 危险和消除危险的方法

3.2.1 危险的地方

危险的地方是指易燃易爆物存放或曾经存放的地方,如果没有得到有关部门(如消防部门)的批准,不允许在这些地方进行焊接和热切割。如果对某个地方的安全有疑问,在开始工作前,请咨询教师。

1)危险的地方包括:
- 酿酒厂;
- 炼油厂;
- 油漆厂;
- 炸药厂;
- 煤炭加工厂;
- 面粉加工厂;
- 塑料加工厂;
- 锯木厂;
- 粮食仓;
- 服装厂;
- 造纸厂等。

这仅仅是一部分,并不完整。

2)在这些地方,易导致危险的工作主要包括:
- 火焰切割;
- 氧气切割;
- 用凿子凿槽;
- 电弧焊接;
- 碾磨。

3)在危险地方焊接或切割时,必须向安全部门申请:

在一个危险地方开始工作前,必须向安全部门报告详细的工作计划,要求彻底检查现场,做出安全指示,获得安全工作人员签署的工作许可证后,才可开始工作。

3.2.2 注意防火

1)安全人员必须告知切割、加热或焊接的工人,要密切注意工作时的火情,并应知道如何联系最近的消防队。

2)在工作区域的灭火器的型号和数量必须足够,且能够使用。

3)在切割、加热和焊接后,负责安全的人员必须安排至少一个小时的观察期,确保消除危险。

3.2.3   封闭的工作区域

封闭的工作区域是指限制通风或通风不良的地方,例如:
- 罐类和容器(汽车或火车罐车);
- 仓、石坑、谷物周转仓及矿井;
- 船舶船舱;
- 导管、沟槽;
- 大直径管道等。

在这些地方进行工作前,必须经过教师同意。

3.2.4   在封闭区域工作

在封闭区域工作时,必须拥有:
- 强制抽风设备或使用风扇、风管。
- 安排一个助理人员在外面观察焊工——帮助控制气瓶和焊机,并在出现意外时,提供帮助。
- 必须有救助设备,助理人员能随时救援,避免发生危险。
- 气瓶和焊机放在封闭区域外面通风的地方。
- 焊炬和割炬应在外面点燃。不使用时,从封闭区域里面拿出来。
- 应有电动工具和照明(<32 V)。

3.2.5   危险的容器

1)容器里如果装有可燃物质,在上面工作十分危险。容器里如果有残留物质也很危险,即使少量的残留物质都是危险的,它们可能聚集在缝隙里面,而排除这些物质是很困难的。

例如:
- 盛装石油产品和其他爆炸性液体的船舶,可能释放爆炸性气体。
- 盛装酸液的容器——可能释放氢气。
- 盛装树脂、松香、清漆、沥青或其他相似产品的容器。
- 盛装或曾经盛装可燃或易爆固体物质的容器——可能有残留粉尘会引发爆炸。

2）危险容器焊接或切割准备：
- 你不能只通过肉眼观看或嗅觉判断一个容器是否安全。
- 如果你有疑问,应该向教师寻求帮助。
- 在进行工作前,必须获得安全工作人员同意。

3.2.6　清洁和清洗危险容器的方法步骤

（1）蒸气清洗

用低压蒸气充满容器,并在最低点排放蒸气和冷凝水,保持蒸气半小时直到容器变热,以确保可燃物质完全排除。

（2）开水清洗

拆下容器盖子,将它放入开水中浸泡,可使用去油清洗剂,但不要使用腐蚀性的清洗剂。容器至少清洗半小时,以确保可燃物质完全排除。

（3）其他处理容器的方法

- 给容器充水刚好到达维修部位下面,减少气体燃烧事故;
- 也可给容器充入惰性气体（如氩气、二氧化碳或氮气等）,起到和水一样的作用。

1）通过充入二氧化碳气体进行保护（因为 CO_2 气体比空气重）,如图 3.2.1 所示。

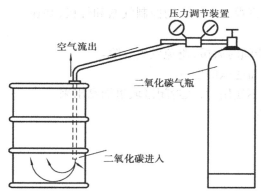

图 3.2.1　充入二氧化碳气体处理容器的方法

2）通过充入氮气排除危险气体进行保护,如图 3.2.2 所示。

充入气体后,应在容器中充入水,以完全排放容器内的气体到大气中,并要求安全人员检查后,才可进行焊接或切割操作。

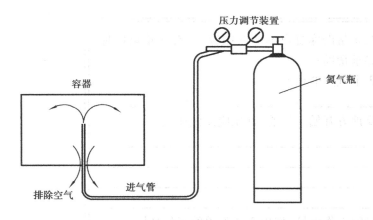

图 3.2.2　充入氮气处理容器的方法

活动 1　[案例 3.1]　违规操作酿惨剧

广东江门市新会区崖门镇祥记汽车维修厂发生一起油罐车爆炸惨剧,3 人遇难。经调查,事故原因是未经专业培训的两名工人在电焊作业时违规操作,火花点燃了油泵里残留的油料,引爆了卡车油罐。汽修厂老板黄某已被刑事拘留。

事故的经过:1 月 25 日下午,同村的何某到祥记维修厂取修好的小型油罐卡车,检查时发现车后尾灯不亮,便要求工人再检修一下线路。工人修好线路,把卡车油泵重新装上去,一名工人拿起电焊机焊了两下没有搞好,让他人帮忙,另一工人就用电焊机固定油泵,刚用电焊机点了两下,就听到"轰"的一声巨响,整个小卡车被炸成了一堆废铁,小小的维修厂顿时成了一片火海。

请问这两名工人在焊接操作时有哪些地方违规? 如何才能避免危险?

案例分析:

_____

_____

_____

_____

_____

_____

_____

_____

_____

_____

下面问题将帮助你复习本节的内容,若有困难请向你的教师寻求帮助:

1. 列出 3 个危险的地方:

   a. _____ b. _____ c. _____

2. 在危险地方开始工作前,首先应该做什么?

   _____

   _____

   _____

   _____

3. 描述封闭工作区域,列出 3 个相关的工作环境:

   (1) 封闭空间描述:_____

   _____

   (2) 列出 3 个封闭空间的工作环境:

   a. _____

   b. _____

   c. _____

4. 在你获得教师许可后,在封闭空间工作时,列出你需要先做什么?

   a. _____

   b. _____

   _____

   c. _____

   _____

   d. _____

   _____

5. 盛装可燃气体物质的小容器,如果进行焊接或切割,十分危险。列出 3 种危险物质:

   a. _____

   b. _____

   c. _____

6. 列出两种从小容器中排除可燃物质的处理方法:

   a. _____

   b. _____

3.3　氧-乙炔火焰切割操作

 警告

> ◆ 气割时,必须穿戴规定的安全保护镜。
> ◆ 使用打火机点燃割炬,不能使用导火线引燃割炬。

3.3.1　气割前的准备

1)检查工作场地是否符合安全生产的要求,周围不能有易燃易爆物品。

2)检查乙炔发生器、回火防止器、氧气瓶阀、乙炔瓶阀及调节器的工作状态是否正常。

3)将割件垫高与地面应保持一定的距离,切勿在离水泥地面很近的位置气割。

3.3.2　气割操作技术

(1)操作姿势

1)首先点燃割炬,调整好预热火焰。

2)双脚成外八字形,蹲在工件的一侧,右臂靠住右膝盖,左臂放在两腿中间,便于气割时移动,如图3.3.1所示。

3)右手握住割炬手把,并以右手的大拇指和食指握住预热氧调节阀,便于调整预热火焰。一旦发生回火时,能及时切断预热氧。

4)左手的大拇指和食指握住切割氧调节阀,便于切割氧的调节,其余三指平稳地托住射吸管,注意掌握方向,使割炬和割件保持垂直。气割时的手势如图3.3.2所示。

5)气割操作时,上身不要弯

图3.3.1　气割操作姿势

99

图 3.3.2　气割时的手势

得太低,呼吸要平稳,两眼应注视切口前面的切割线,沿切割线从右向左地进行切割。

6)整个气割过程中,割炬运行要均匀,割炬与割件的距离要保持不变。

7)每割一段后需要移动身体位置,此时应关闭切割氧调节阀。

(2)气割操作

1)开始气割时,将起割点预热到燃烧温度(割件发红),然后慢慢开启切割氧调节阀。

2)当看到铁液被氧流吹动时,便可加大切割氧气流。

3)待听到割件下面发出"啪、啪"的声音时,说明割件已被烧穿,这时应按一定速度沿切割线继续切割。

4)气割过程中,火焰焰芯到割件表面的距离为 3～5 mm。

5)气割时若要移动位置,此时应先关闭切割氧调节阀,使切割火焰离开割件,然后再移动身体。

6)气割终点时,割炬应向气割方向后倾一定角度使割缝下部的钢板先烧穿。这样割缝的表面较平整。

7)气割完毕后,应迅速关闭切割氧调节阀,并将割炬抬起,再关闭乙炔调节器,最后关闭预热氧调节阀。

8)结束工作时,应将减压器卸下,将乙炔瓶阀关闭。

 注意

> ■ 气割过程中,若发生回火,应迅速关闭乙炔调节阀和氧气调节阀,使回火熄灭。
>
> ■ 回火现象一般是由于割嘴过热或氧化铁熔渣飞溅堵住割嘴所致。在制止回火后,应用剔刀剔除粘在割嘴上的熔渣,用通针打通切割氧喷射孔以及预热火焰的氧气和乙炔的出气孔,使其恢复正常后再继续使用。

活动2　氧-乙炔火焰切割操作

一、任务

在低碳钢板上进行氧-乙炔火焰切割。

二、目的

练习氧-乙炔火焰切割的基本操作技能,形成光滑轮廓。

三、操作步骤

1. 目的:连接火焰切割设备,并切割6 mm或10 mm低碳钢板,达到下述要求。
2. 位置:水平。
3. 步骤:教师先演示。学生练习前,必须观看教师的演示。
4. 方法:

   (1)用划针或划规划出切割线位置,如练习1～4的图形所示。

   (2)用废弃板材练习切割技能。

   练习1:火焰切割10 mm板如图所示,可使用滚轮导轨或自由切割技术。

   练习2:火焰切割6 mm板如图所示,可使用滚轮导轨或自由切割技术。

   练习3:火焰切割45°边缘,如图所示,可使用适当的切割规或用自由切割方式完成中心孔 $\phi50$ 的切割。

   练习4:用自由切割方式按练习4的图示尺寸火焰切割圆。

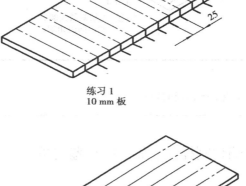

练习1
10 mm 板

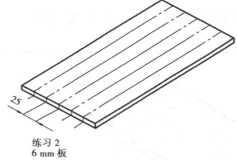

练习2
6 mm 板

5. 要求:

   ★ 火焰切割表面,形成光滑轮廓,没有夹渣和过多刻痕。

   ★ 精确度达到划线 ±2 mm。

6. 所需材料:

   练习1:1件150 mm×10 mm×300 mm低碳钢板。

   练习2:1件150 mm×6 mm×300 mm低碳钢板。

   练习3:1件200 mm×10 mm×200 mm低碳钢板。

   练习4:1件200 mm×10 mm×200 mm低碳钢板。

7. 经济性要求:使用废弃材料练习,未用完材料返还仓库。

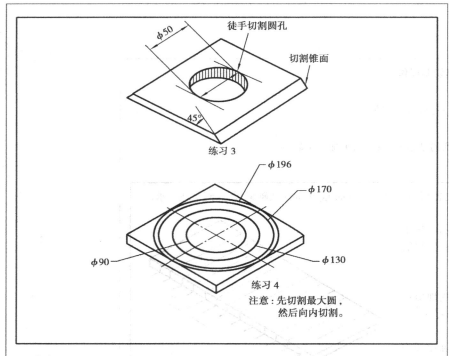

练习 3

$\phi 50$

徒手切割圆孔

切割锥面

$45°$

$\phi 196$

$\phi 170$

$\phi 90$

$\phi 130$

练习 4

注意：先切割最大圆，
然后向内切割。

四、鉴定

你能够按照要求,安全地完成低碳钢板的切割。

氧-乙炔火焰切割操作(练习 1,2)鉴定单

草图：

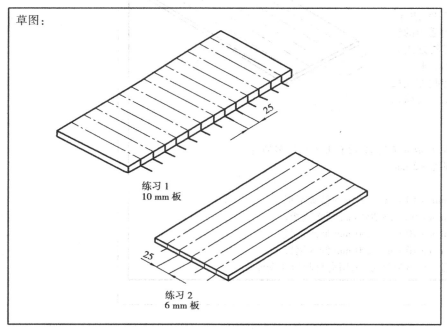

练习 1
10 mm 板

25

练习 2
6 mm 板

续表

气体参数：调压表： 氧气压力：　乙炔压力： 火焰类型：　割嘴尺寸：		
材料参数： 类型：	切割时间： 开始时间：　结束时间： 完成工件所花时间：	
鉴　　定	符合要求	不符合要求
精确度　　6 mm 板		
精确度　　10 mm 板		
切割表面状况　　6 mm 板		
切割表面状况　　10 mm 板		
学生姓名：	学号：	
教师签名：	日期：	

✋ 氧-乙炔火焰切割操作(练习3,4)鉴定单

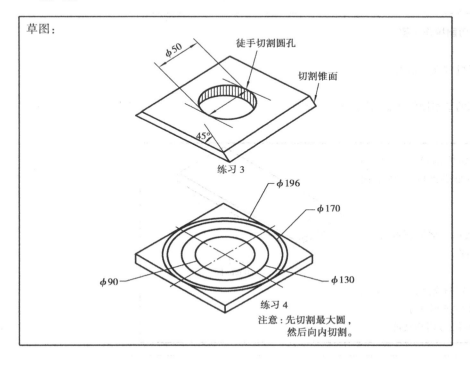

草图：

φ50　徒手切割圆孔

切割锥面

45°

练习3

φ196

φ170

φ90

φ130

练习4

注意：先切割最大圆，
然后向内切割。

续表

气体参数: 调压表: 氧气压力:　　乙炔压力: 火焰类型:　　割嘴尺寸:			
材料参数: 类型: 厚度:		切割时间: 开始时间:　　结束时间: 完成工件所花时间:	
鉴　定		符合要求	不符合要求
精确度	练习 3		
	练习 4		
切割表面状况	练习 3		
	练习 4		
学生姓名:		学号:	
教师签名:		日期:	

活动 3　机械火焰切割操作步骤

一、任务

在低碳钢板上进行机械火焰切割。

二、目的

练习机械火焰切割的基本操作技能,形成光滑轮廓。

三、操作步骤

1. 目的:连接火焰切割设备,并切割 6 mm 或 10 mm 低碳钢板,达到下述要求。
2. 位置:水平。
3. 步骤:教师先演示。学生练习前,必须观看教师的演示。
4. 方法:
 (1)用划针或划规划出切割线位置,如练习 1,2 的图形所示。
 (2)用废弃材料练习切割技能。

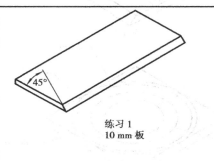

练习 1
10 mm 板

练习 1：火焰切割 10 mm 板如图所示,使用直线切割机,喷嘴角度 90°。

练习 2：火焰切割 6 mm 板如图所示,使用直线切割机,喷嘴角度 90°。

5. 要求:

★ 火焰切割表面,形成光滑轮廓,没有夹渣和过多刻痕。

★ 精确度达到划线 ±2 mm。

6. 所需材料:

练习 1：1 件 150 mm×10 mm×300 mm 低碳钢板。

练习 2：1 件 150 mm×6 mm×300 mm 低碳钢板。

7. 经济性要求:使用废弃材料练习,未用完材料返还仓库。

四、鉴定

你能够按照要求,安全地完成低碳钢板的切割。

 机械火焰切割操作鉴定单

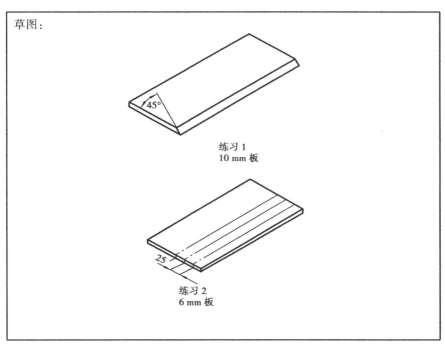

草图:

练习 1
10 mm 板

练习 2
6 mm 板

续表

气体参数： 调压表： 氧气压力：　　乙炔压力： 火焰类型：　　割嘴尺寸：		切割速度： 45°边缘角： 90°切割：	
材料参数： 类型： 厚度：		切割时间： 开始时间：　　结束时间： 完成工件所花时间：	
鉴　定		符合要求	不符合要求
精确度	练习1		
	练习2		
切割表面状况	练习1		
	练习2		
学生姓名：		学号：	
教师签名：		日期：	

单元鉴定

单元 3 鉴定表格：

鉴定内容	完　成	否
你是否完成自测题 1,并得到教师的确认?		
你是否完成自测题 2,并得到教师的确认?		
你是否完成活动 1 的要求,并得到教师的确认?		
你是否完成活动 2 的要求,并得到教师的确认?		
你是否完成活动 3 的要求,并得到教师的确认?		
你是否能回答教师提出的问题?		

教师签字:_____

学生签字:_____

日期:_____

单元学习评估

　　现在学生已经完成了这一单元的学习,希望学生能对所参与的活动提出意见,请你在相应的栏目内打"√"。

评估内容	非常同意	同意	没有意见	不同意	非常不同意
1. 这一单元给我很好地提供了……的综述					
2. 这一单元帮助我理解了……的理论					
3. 我现在对尝试……感到了自信					
4. 该单元的内容适合我的需求					
5. 该单元中举办了各种活动					
6. 该单元中不同部分融合得很好					
7. 单元学习中教师待人友善愿意帮忙					
8. 单元学习让我做好了参加评估的准备					
9. 该单元中所有的教学方法对我的学习起到了帮助作用					
10. 该单元提供的信息量正好					
11. 评估看来公平、适当					
你对改善本科目后面单元的教学有什么建议?					

单元 4 实施加热矫正技术

 学习目的

学完本单元后,你应能做到:

1. 了解加热矫正的基本原理。

2. 能正确熟练地操作火焰矫正方法。

3. 能正确熟练地操作手工矫正方法。

 学习资源

1. 实施加热矫正的设备。

2. 实施加热矫正的光盘或录像资料。

3. 介绍加热矫正方法的各种书籍和文字资料,如:

机械工业部统编. 铆工工艺学. 北京:机械工业出版社,2003

宋年秀主编. 汽车车身修复技术. 北京:机械工业出版社,2002

刘森主编. 汽车钣金工基本技术. 北京:金盾出版社,2001

 鉴定

学完本单元后,请你完成本单元末的自测题和学习活动。

（1）加热矫正的定义

矫正是指将变形的钢材恢复原状的方法。将变形钢材加热到一定温度再进行矫正的方法,称为**加热矫正**。

（2）加热矫正的基本原理

加热矫正的基本原理是利用金属热胀冷缩的物理特性,使钢材产生再变形来达到矫正的目的。

（3）加热矫正的分类

热矫正可分为:

• 全加热矫正。

• 局部加热矫正。

1）全加热矫正

全加热矫正是指将工件全部加热,或者将工件变形区域全部加热,然后进行矫正。

全加热矫正的温度一般为 750 ~ 900 ℃。

通常,全加热矫正用于钢材严重变形的情况。

2)局部加热矫正(又称为火焰矫正)

通常,局部加热矫正是使用氧-乙炔火焰或者其他火焰,将钢材变形的局部进行加热。为了提高矫正效果,有时以浇冷水相配合,待其冷却后收缩达到矫正目的。

(4)火焰矫正的设备

通常,火焰矫正是使用氧-乙炔火焰,其设备如图 4.1.1 所示。

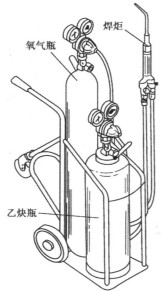

图 4.1.1 火焰矫正设备

(5)局部加热的形状

如图 4.1.2 所示,局部加热的形状主要有 3 种:

● 点状加热;

● 线状加热;

● 三角形加热。

1)点状加热

①方法:

点状加热的加热处呈小面积的圆,该圆可看做是"点",如图 4.1.2(a)所示。同时为了提高矫正效果,往往结合打木锤和浇冷水来穿插进行。

②特点:

"点"的周围向中心收缩,可使变形的松弛区域收缩变紧。

③应用:

适用于矫平薄板或薄板构件。

2)线状加热

①方法:

线状加热的加热处呈"线"状,"线"的宽度随加热材料的厚度增加而增加,如图 4.1.2(b)所示。

②特点:

"线"的宽度方向的收缩量比长度方向的收缩量大,并且随加热宽度的增加而增加。

③应用:

适用于矫正变形量较大的钢材或工件,以及刚性较大的结构件。

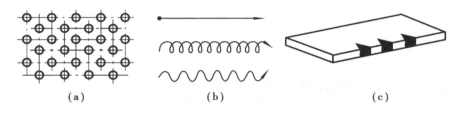

图4.1.2 局部加热的3种形状

(a)点状加热 (b)线状加热 (c)三角形加热

3)三角形加热

①方法：

三角形加热的加热区呈等腰三角形,三角形的底边在工件的边缘,如图4.1.2(c)所示。

②特点：

• 三角形加热的面积较大,因而收缩量较大。

• 收缩量从三角形的顶点起,沿两腰向下逐渐增大。

③应用：

主要适用于厚度较大的钢材或工件以及刚性较大的结构件的矫正。

(6)局部加热的注意事项

1)厚度 <8 mm 的钢板,加热后可采取浇水急冷的方法;而厚钢板不宜用水冷,因为浇水会使厚钢板的表面温度低,内部温度高,表里温差过大,容易产生裂纹。

2)脆性大的材料(如高碳钢、工具钢和高合金钢等),绝不允许浇水。

3)加热温度应控制在 500 ~ 800 ℃。

4)需重复进行局部加热时,要尽量避免与第一次加热位置重合。

(7)板材变形的局部加热矫正方法

板材(如汽车车身壳体)局部受到外力碰撞挤压后,便形成凹凸、翘曲等伸张变形,其中伸张部分厚度变薄,面积增大,变得松弛。为了使变形部分恢复到原来的形状,需使伸展的部分收缩,可采用"点"状加热的方法,其方法如下:

1)利用氧-乙炔火焰将伸张中心加热至缨红色,但注意不能将板料熔化或烧穿。

2)加热面积由伸张程度确定,伸张程度大,加热范围大,直径可为 $\phi15 \sim \phi30$ mm;伸张程度小,加热范围直径约 $\phi10$ mm。

3)加热后急速敲击红晕区域的四周,并逐渐向加热点的中心收缩,迫使金属组织收缩,敲击时应用合适的垫铁垫在敲击处背部,先用木锤敲击,冷却后再用铁锤轻轻敲击整平。

注意

> ■ 敲击力量应适度,敲击过重会使已经收缩的部分重新变得松弛。

4)如果只收缩一处不能达到整形的目的,可采用同样的方法多点收缩,并且每次加热收缩,都要进行敲平校正。

5)轻度伸张时,加热后可不需敲击,只用棉纱蘸凉水冷却,或自然冷却。

(8)板材变形的手工矫正方法

1)板材中间凸起,可看做是中部松,四周紧。其矫正方法是将板材凸面向上放在平面上,一手按住板材,一手持锤由板材四周边缘向凸面中心逐步敲击,敲击时边缘处用力大,击点密度大,至面中心,用力逐步减小,击点逐步变稀。板材基本敲平后,再用木锤进行一次调整性敲击,以使整个板均匀,如图4.1.3(a)所示。

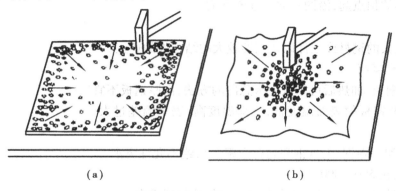

图4.1.3 板材变形的手工矫正方法
(a)中间凸起矫正 (b)四周翘曲变形矫正

2)板材四周翘曲变形,可看做是四周松,中间紧。其矫正方法是从中间开始敲击,逐步向四周扩散,击点由密变疏,击力也由强变弱,如图4.1.3(b)所示。

 自测题1

下列问题将帮助你复习本单元的学习内容,若有困难请向你的教师寻求帮助:

1. 加热矫正的基本原理是什么?

_____

_____

2. 局部加热的形状有哪几种,各有何特点?

_____

_____

_____

3. 请列举至少3条局部加热的注意事项：

_____

_____

_____

活动1 板材变形的局部加热矫正

一、任务

用加热矫正方法矫平1块中间凸起或四周翘曲的钢板。

二、目的

练习局部加热矫正的操作技能。

三、操作步骤

1. 目的：按照下列要求，在低碳钢板上练习火焰加热矫正技能。

2. 位置：水平。

3. 步骤：教师先演示。学生练习前，必须观看教师的演示。

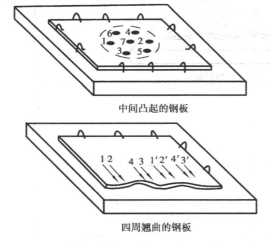

中间凸起的钢板

四周翘曲的钢板

4. 方法：

(1)用废弃板材练习矫正技能。

(2)把钢板放在平台上。

练习1：火焰加热矫正1块厚1 mm的中间凸起的薄板，如图所示。

练习2：火焰加热矫正1块厚1 mm的四周翘曲的薄板，如图所示。

(3)评估矫正情况，完成矫正操作鉴定单。

(4)提交钢板供鉴定。

5. 要求：

★ 钢板应平直，无变形，外观应平滑、规则。

6. 所需材料：

　　1 块中间凸起的 200 mm×1 mm×250 mm 的低碳钢板。

　　1 块四周翘曲的 200 mm×1 mm×250 mm 的低碳钢板。

7. 经济性要求：耗材较贵，请节约使用。

四、鉴定

你能够按照要求，安全、正确地进行局部加热矫正。

 ## 板材变形的局部加热矫正鉴定单

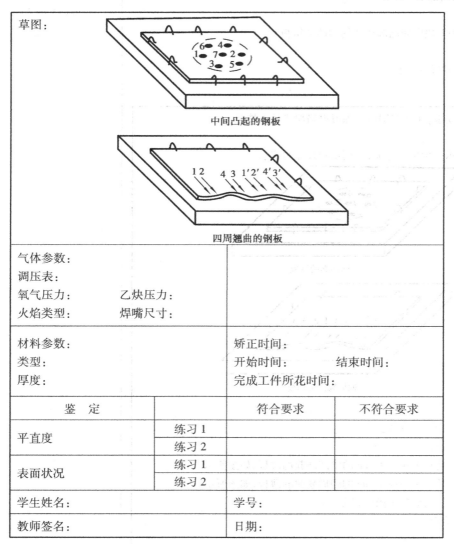

草图：

中间凸起的钢板

四周翘曲的钢板

气体参数：

调压表：

氧气压力：　　　乙炔压力：

火焰类型：　　　焊嘴尺寸：

材料参数：	矫正时间：
类型：	开始时间：　　　结束时间：
厚度：	完成工件所花时间：

鉴　定		符合要求	不符合要求
平直度	练习1		
	练习2		
表面状况	练习1		
	练习2		
学生姓名：		学号：	
教师签名：		日期：	

活动2　板材变形的手工矫正

一、任务

手工矫平1块中间凸起或四周翘曲的钢板。

二、目的

练习手工矫正的基本操作技能。

三、操作步骤

1. 目的:按照下列要求,在低碳钢板上练习手工矫正技能。

2. 位置:水平。

3. 步骤:教师先演示。学生练习前,必须观看教师的演示。

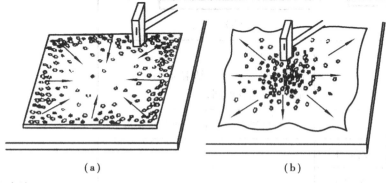

(a)　　　　　　　　　　　(b)

4. 方法:

(1)用废弃板材练习矫正技能。

(2)把钢板放在平台上。

练习1:手工矫正1块厚2 mm的中间凸起的薄板,如图(a)所示。

练习2:手工矫正1块厚2 mm的四周翘曲的薄板,如图(b)所示。

(3)评估矫正情况,完成矫正操作鉴定单。

(4)提交钢板供鉴定。

5. 要求:

★钢板应平直,无变形,外观应平滑、规则。

6. 所需材料:

1块中间凸起的200 mm×2 mm×250 mm的低碳钢板。

1块四周翘曲的200 mm×2 mm×250 mm的低碳钢板。

7. 经济性要求:耗材较贵,请节约使用。

四、鉴定

你能够按照要求,安全、正确地进行手工矫正。

板材变形的手工矫正鉴定单

草图：

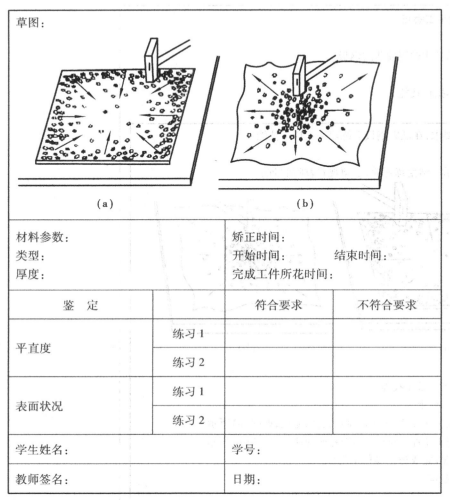

材料参数： 类型： 厚度：		矫正时间： 开始时间：　　　结束时间： 完成工件所花时间：	
鉴　定		符合要求	不符合要求
平直度	练习1		
	练习2		
表面状况	练习1		
	练习2		
学生姓名：		学号：	
教师签名：		日期：	

 单元鉴定

单元 4 鉴定表格:

鉴定内容	完　成	否
你是否完成自测题 1,并得到教师的确认?		
你是否完成活动 1 的要求,并得到教师的确认?		
你是否完成活动 2 的要求,并得到教师的确认?		
你是否能回答教师提出的问题?		

教师签字:_____

学生签字:_____

日期:_____

单元学习评估

现在学生已经完成了这一单元的学习,希望学生能对所参与的活动提出意见,请你在相应的栏目内打"√"。

评估内容	非常同意	同意	没有意见	不同意	非常不同意
1. 这一单元给我很好地提供了……的综述					
2. 这一单元帮助我理解了……的理论					
3. 我现在对尝试……感到了自信					
4. 该单元的内容适合我的需求					
5. 该单元中举办了各种活动					
6. 该单元中不同部分融合得很好					
7. 单元学习中教师待人友善愿意帮忙					
8. 单元学习让我做好了参加评估的准备					
9. 该单元中所有的教学方法对我的学习起到了帮助作用					
10. 该单元提供的信息量正好					
11. 评估看来公平、适当					
你对改善本科目后面单元的教学有什么建议?					

单元 5 实施钎焊操作技术

 学习目的

学完本单元后,你应能做到:

1. 了解钎焊的工作原理,能够正确地选择设备和焊接材料,安全地进行钎焊。

2. 理解钎剂的作用,正确地选用钎剂,安全地使用钎剂。

3. 对钎焊接头进行正确设计。

4. 了解软、硬钎焊常见的类型。

5. 了解软、硬钎焊的应用。

6. 能安全正确地进行软钎焊、硬钎焊操作。

7. 了解在钎焊时避免危险的各种方法,且能正确地控制危险。

 学习资源

1. 钎焊操作设备。

2. 介绍钎焊使用方法的光盘。

3. 介绍钎焊的文字资料、书籍等,如:

邹僖主编. 钎焊. 北京:机械工业出版社,1988

曾乐主编. 现代焊接技术手册. 上海:上海科学技术出版社,1993

4. 介绍焊接知识的网站,如:

中国焊接 http://www.chinaweld.cn

焊接 21 世纪 http://www.weld21.com

中国焊接网 http://www.cws.com

 鉴定

学完本单元后,请你完成本单元末的自测题和学习活动。

5.1 钎焊工作原理

警告

- ◆ 了解所有有关钎焊的安全规则。
- ◆ 钎焊操作时必须用防护镜、保护服装和皮鞋来保护自己。

5.1.1 钎焊

(1)钎焊的定义

钎焊是采用比待焊金属(母材)熔点低的金属材料作钎料,将钎料加热到液态,填满固态母材之间间隙并相互扩散实现连接的一种焊接工艺方法。

(2)钎焊与熔化焊的不同点

- ●钎焊时只有钎料熔化,而待焊金属(母材)不熔化。
- ●熔化焊时填充金属和母材都要熔化。

(3)钎焊的分类

钎焊按加热温度的不同可分为:

- ●软钎焊:是指焊接温度 <450 ℃的钎焊。
- ●硬钎焊:是指焊接温度 >450 ℃的钎焊。

5.1.2 钎料(焊料)的分类

1)钎料按熔点的高低可分为:

软钎料:是指熔点 <450 ℃的钎料。

硬钎料:是指熔点 >450 ℃的钎料。

2)根据组成钎料的主要元素可分为:

- ●**锡基钎料**:主要元素是锡,它属于最常用的软钎料,应用最广泛。
- ●**铅基钎料**:主要元素是铅,它属于软钎料。
- ●**铜基钎料**:主要元素是铜,它属于硬钎料。
- ●**铝基钎料**:主要元素是铝,它属于硬钎料。
- ●**银基钎料**:主要元素是银,它属于应用最广的硬钎料。

5.1.3　钎剂(焊剂)

(1)钎剂的作用

进行钎焊时,需要用钎剂保持接头清洁。钎剂的主要作用是去除母材和液态钎料表面的氧化膜,润湿母材,保护母材和钎料不再继续氧化。

(2)钎剂的分类

通常把钎剂分为:

- 软钎剂:在软钎焊时使用。
- 硬钎剂:在硬钎焊时使用。
- 铝用钎剂:在钎焊铝时使用。

1)软钎剂

软钎剂按其成分可分为:

①有机软钎剂

有机软钎剂包括**有机酸**和**天然树脂**(主要是松香类的钎剂)。

其中,应用最广泛的有机软钎剂是松香类钎剂,它只能用于 300 ℃ 以下,主要适用于钎焊电子元器件;钎焊表面氧化不严重的金、银及铜等金属。

②无机软钎剂

无机软钎剂通常呈酸性,它们通过溶解去除氧化物。

主要包括:

- 无机酸:如盐酸、氢氟酸和磷酸等。
- 无机盐:主要是氯化锌。

a. 盐酸

盐酸常用于钎焊锌、镀锌金属等场合。

b. 氯化锌

氯化锌是通过在盐酸中加入纯锌片,直到所有盐酸被中和完毕而制成。

氯化锌适用于钎焊锡、钢、黄铜、铅、镉、青铜以及这些金属的合金等场合。

以上这些钎剂都可从市场上购买。

 注意

有些钎剂会产生有毒气体,具有腐蚀性,而且易燃烧,存放时应注意:

- ■ 存放在通风区域,远离热源和火焰。
- ■ 存放在塑料容器中,凉爽的地方,远离人员、动物、机器和工具。

钎焊时必须穿戴:

- ■ 安全防护镜:预防热钎料和酸液。
- ■ 保护服:能防止燃烧和酸液,裤脚应收紧,并能遮挡皮靴上部。
- ■ 保护鞋:应坚固,可防酸液和热钎料。

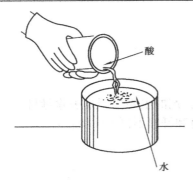

图 5.1.1　倒出无机钎剂酸液的操作示意图

c.倒出无机钎剂酸液的注意事项：

倒出无机钎剂酸液的操作方法如图5.1.1所示。

 注意

■ 当准备和使用腐蚀性钎剂时,请穿戴防护镜和防护手套。当准备腐蚀性钎剂时,请将酸慢慢倒入水中,绝不能将水倒入酸中,如图5.1.1所示。所有无机钎剂都是有毒的。

■ 钎焊完成后,接头必须彻底用水清洗,以去除腐蚀性钎剂。

2）硬钎剂

现在常用的硬钎剂是硼砂、硼酸以及它们的混合物。

5.1.4　钎焊接头

钎焊接头强度低于母材金属,因此,接头应设计成增大焊接面积,以增加其强度。

如图 5.1.2 所示,常用的钎焊接头有:

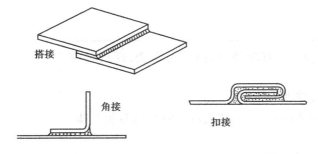

图 5.1.2　钎焊接头

• 搭接；

• 角接；

● 扣接等。

5.1.5　钎焊方法

钎焊常用的方法有:
- 烙铁钎焊:软钎焊时常用此方法,多采用锡基钎料;
- 火焰钎焊:硬钎焊时常用此方法;
- 电阻钎焊等。

自测题1

下列问题将帮助你复习本节的学习内容,若有困难请向你的教师寻求帮助:

1. 钎焊与熔化焊的不同点是什么?

_____

_____

2. 钎料有哪些类型?

_____

_____

_____

3. 钎剂能起到什么作用?

_____

_____

_____

4. 使用钎剂时应注意什么?

_____

_____

_____

_____

_____

_____

5. 请画出并标注两种钎焊接头。

6. 当准备钎剂时,浓缩的酸液需要稀释,请指出下面正确的步骤。

加水到酸液中(　　　)

加酸液到水中(　　　)

5.2 软钎焊

 学习目的

学完这节内容后,你应能做到:

1. 了解软钎焊常见的类型。
2. 了解软钎焊的应用。
3. 能够安全、正确地实施软钎焊操作(以锡焊为例讲解)。
4. 熟练掌握软钎焊操作技巧,保证汽车修理中的钎焊质量。

 鉴定

学完本节后,请你完成本节末的自测题和学习活动。

5.2.1 软钎焊的工作原理

(1)软钎焊

1)定义

软钎焊一般采用烙铁加热低熔点的钎料使之熔化,并连接涂有钎剂的母材的焊接方法。

2)软钎料

软钎焊时,使用的钎料通常是由锡、铅金属组成的合金(锡基钎料),熔点低于450 ℃。

 警告

◆ 必须使用纯锡钎料钎焊烹调器皿,因为含铅钎料可能导致中毒。

3)软钎焊的应用

• 软钎焊通常用于连接铜、锌、钢、铅及青铜和黄铜等合金,如空调冷却器。

• 软钎焊也可用于镀锌和镀锡的钢板的连接。

• 可用于电路连接。

• 可用于制造不漏水的薄皮金属罐等,如汽车水箱。

(2)软钎焊烙铁

软钎焊烙铁常用的有3种:

- 普通烙铁;
- 电烙铁;
- 火焰钎焊烙铁。

烙铁头有许多形状和尺寸,可用于大多数钎焊接头。其烙铁头形状如图 5.2.1 所示。

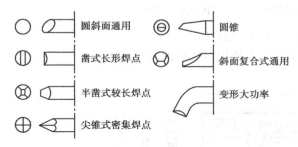

圆斜面通用　　　　　圆锥

凿式长形焊点　　　　斜面复合式通用

半凿式较长焊点　　　变形大功率

尖锥式密集焊点

图 5.2.1　各种常用烙铁头

1)普通烙铁

烙铁头制成不同的形状和尺寸,以适应各种用途。普通钎焊时,通常使用方锥形烙铁头,如图 5.2.1 所示。

烙铁头必须做得较大,以便能够携带足够多的热量,避免频繁重新加热,但也不能太重,以方便使用。

可用火焰或小气炉给烙铁头加热。

2)电烙铁

电烙铁是通过电能加热烙铁头。如果用电方便,尽量用这种烙铁焊接小工件,因为加热均匀。常用电烙铁结构如图 5.2.2、图 5.2.3 所示。

电烙铁配有各种可供更换的烙铁头,有些很小的烙铁头可用于电器和无线电电路装配焊接。

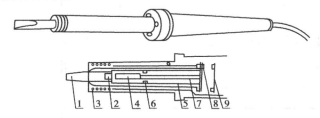

图 5.2.2　常用电烙铁结构示意图

1—烙铁头;2—软磁金属块;3—加热器;4—永久磁铁;
5—磁性开关;6—支架;7—小轴;8—接点;9—接触弹簧

3)火焰钎焊烙铁

这种烙铁头用气体火焰加热,烙铁头应足够大,以便能够储存足够多的热量。通常,气体是用气罐供应,常用气体是液化石油气。烙铁形状如图 5.2.3 所示。

火焰钎焊烙铁头可给钎料和工件提供恒定的热量,烙铁头的附件如图 5.2.4 所示。

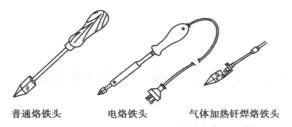

普通烙铁头　　　电烙铁头　　　气体加热钎焊烙铁头

图 5.2.3　烙铁头的形状

通常,电工、水管工人、钣金工和铜工使用液化石油气加热火焰钎焊烙铁头。

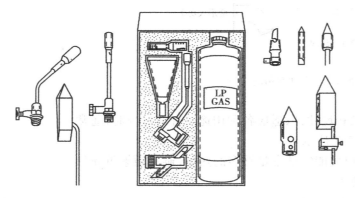

图 5.2.4　气体加热钎焊烙铁头附件

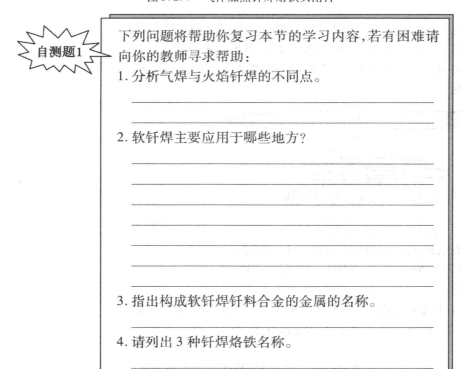

自测题1

下列问题将帮助你复习本节的学习内容,若有困难请向你的教师寻求帮助:

1. 分析气焊与火焰钎焊的不同点。

_____

_____

2. 软钎焊主要应用于哪些地方?

_____

_____

_____

_____

_____

_____

3. 指出构成软钎焊钎料合金的金属的名称。

_____

4. 请列出 3 种钎焊烙铁名称。

_____

5.2.2　软钎焊操作

 注意

> ■ 请遵守职场健康与安全步骤。
> ■ 请戴保护镜。
> ■ 应防止钎剂进入眼睛和口腔。
> ■ 完成练习后,请把手清洗干净。

（1）软钎焊要求

1）焊件的可焊性

- 焊料能很好地润湿焊件。
- 焊件与焊料容易相互结合。
- 焊件表面氧化物易于去除。

符合上述条件的金属可焊性好。

- 一般铜及其合金、金、银、锌和镍等具有较好可焊性。
- 铝、不锈钢和铸铁等可焊性很差,需采用特殊焊剂及方法才能钎焊。

2）焊点设计应合理

合理的焊点几何形状,对保证钎焊的质量至关重要,如图 5.2.5 所示。

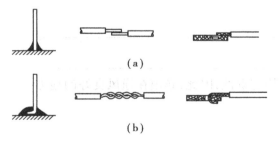

（a）

（b）

图 5.2.5　钎焊接点设计

（a）不推荐　（b）推荐

（2）软钎焊操作姿势（以锡焊为例）

锡钎焊正确的操作姿势是:

1）挺胸端正坐直,切勿弯腰。

2）电烙铁的拿法:

电烙铁拿法有 3 种,如图 5.2.6 所示。

①反握法:动作稳定,长时间操作不易疲劳,适用于大功率烙铁的
操作。

②正握法:适用于中等功率烙铁或带弯头电烙铁的操作。

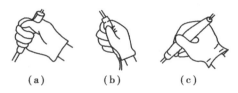

图 5.2.6　电烙铁拿法

(a)反握法　(b)正握法　(c)提笔法

③握笔法:适用于小型焊件或焊印制板等。

 注意

■ 烙铁手柄不要握得太紧、太死,以握稳为适度,便于手腕的灵活转动,烙铁头不能抖动。

图 5.2.7　焊锡丝拿法

(a)连续锡焊时焊锡丝的拿法

(b)断续锡焊时焊锡丝的拿法

3)焊锡丝的拿法:

焊锡丝一般有两种拿法,如图 5.2.7 所示。

(3)软钎焊安全操作的注意事项

1)注意电烙铁的安全使用规则。

2)由于焊丝成分中含对人体有害的金属铅,操作时不要揉眼睛,操作后要洗手。

 注意

■ 焊丝一定不要含在口里。

3)焊接时散发出的各种烟雾均有毒性,因此,必须在通风良好的地方进行焊接。

(4)锡焊操作的基本方法

1)焊点操作的方法

①焊点操作的基本步骤——5 步操作法,如图 5.2.8 所示。

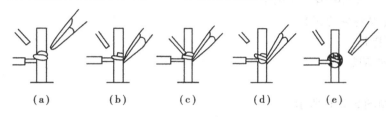

(a)　　　(b)　　　(c)　　　(d)　　　(e)

图 5.2.8　锡焊 5 步操作法

a.准备施焊:按要求准备好焊丝、焊件和烙铁,左手拿焊丝,右手握烙铁,处于随时可施焊状态,如图 5.2.8(a)所示。

b.加热焊件:应注意加热整个焊件全体,导线与接线柱要均匀受热,如图 5.2.8(b)所示。

c.送入焊丝:加热焊件达到一定温度后,焊丝从烙铁对面接触焊件。

 注意

■ 不是直接接触烙铁,如图 5.2.8(c)所示。

d.移开焊丝:当焊丝熔化一定量后,立即移开焊丝,如图 5.2.8(d)所示。

e.移开烙铁:焊锡浸润焊盘或焊件的施焊部位后,移开烙铁,如图 5.2.8(e)所示。

 注意

■ 图中焊丝与烙铁头的相对位置。

■ 拿开焊丝一定要在移开烙铁之前。

■ 焊锡未凝固之前不要晃动导线。

■ 焊接过程要从容、迅速,不要超过 3 s。

对于较小的焊点,例如,印制板与较细导线的连接,可将上述步骤 2,3 合为一步,4,5 合为一步,简化为 3 步操作:

a.准备:同上步骤(1)。

b.加热与送丝:烙铁头放在焊件上后,立即放入焊丝。

c.去丝移烙铁:焊锡在焊接面上扩散达到预期范围后,立即移开烙铁。

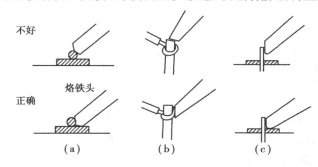

图 5.2.9   正确的加热方法

②焊点焊接操作的技术要点

a.让焊点自然形成。

b.保持烙铁头的清洁。

c.采用正确的加热方法。

正确的方法应根据焊件形状选用不同的烙铁头,或自己修整烙铁头,让烙铁头与焊件加热接触面越大,温度则越高,如图5.2.9所示。

 注意

■ 电烙铁要拿稳对准,不要将烙铁头在焊点上来回磨动,应将烙铁头的镀锡面紧贴焊点。

d. 掌握好撤离烙铁的时间。

在焊锡熔化适量,焊接处焊锡充分,表面光滑之时,立即撤掉焊丝和烙铁,不能过早,也不能过迟。

撤离烙铁要迅速,否则,会形成拉尖或毛刺。

e. 掌握好烙铁的倾斜角度和方向。

加热时烙铁应向上,并成45°方向倾斜接触焊点,若向下接触焊点,会碰到相邻焊点,并且形成的焊点过大;若>45°,则会使焊锡粘到导线上,而焊点的焊锡不够;若<45°,则形成的焊点过大。撤离时也从斜上方45°的方向移开。

f. 可靠地固定焊件,在焊锡凝固之前不要使焊件移动或振动。

焊接中,必须设法可靠地固定焊件,同时烙铁和焊锡轻轻地接触焊点,一定不要晃动焊件,并且一定要等焊锡凝固后再移去手或镊子,否则,焊锡凝固前晃动会凝成砂粒状,造成形成"冷焊"或附着不牢固形成"虚焊"。

"冷焊"形成的原因:焊锡凝固过程是结晶过程。根据结晶理论,在结晶期间受到外力(焊件移动)会改变结晶条件,焊锡迅速凝固,形成大颗粒结晶,呈豆渣状。内部结构疏松,容易有气隙和裂缝,从而使焊点强度降低,导电性变差。

 注意

■ 不要向焊锡吹气,应待其慢慢冷却凝固。

g. 焊锡量要合适。

预焊时,焊锡量不要太多。焊接时,焊锡量也不能过多。过量的焊锡不但毫无必要地消耗了较贵的锡,而且增加了焊接时间,更为严重的是在高密度的电路中,过量的锡很容易造成不易觉察的短路。

焊锡过少不能形成牢固的结合,是不允许的。特别是在板上焊导线时,焊锡不足往往造成导线脱落,如图5.2.10所示。

h. 不要用过量的焊剂。

i. 应掌握好力度。

烙铁焊锡时,要轻轻放到焊点上,用力过大,则可能引起晃动,同时会使焊锡熔化过多,这是造成焊点过大的主要原因之一。

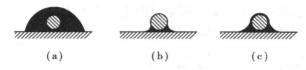

图 5.2.10　焊锡量的掌握

（a）过多浪费　（b）过少焊点强度差　（c）合适的焊锡量合格的焊点

2）导线与金属片的锡焊

①金属片焊接前的准备：刮除待焊处的杂质和氧化物，涂上松香。

②首先在烙铁上沾上少量焊锡，将导线点焊在金属片上固定。

③然后一手拿烙铁，一手拿焊锡，将导线焊牢。

 注意

■　焊锡未凝固时，不要晃动导线，否则焊不牢。

3）片状焊件的焊接法

片状焊件用途很广，例如接线焊片、电位器接线片、耳机和电源插座等，这类焊件一般都有焊线孔。其操作步骤如下：

①先将焊片和导线镀上锡，注意焊片的孔不能被堵死。

②将导线穿过焊孔，并弯曲成钩形。

③实施焊接（具体步骤见图 5.2.11）。

 注意

■　如果焊的是多股导线，最好用套管将焊点套上，这样既保护焊点不易和其他部位短路，又能保护多股导线不容易断开。

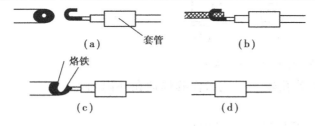

图 5.2.11　片状焊件的焊接法

（a）焊件预焊　（b）导线钩接　（c）烙铁点焊　（d）热套绝缘

错误操作：只用烙铁头沾上锡，在焊件上堆成一个焊点，这样很容易造成虚焊。

4）槽形、板形及柱形焊件的焊接法

这类焊件一般没有供缠线的焊孔，其连接方法可用绕、钩和搭接，但对某些重要部位，如电源线等电流较大或受力处，应采用缠线固定后焊接的办法。其中,槽形、板形主要用于插接件上;板形、柱形则用于变压器、电位器等元件上。其焊接要点同片状焊件相同,如图5.2.12所示。

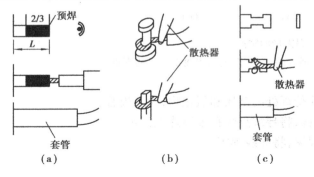

图5.2.12　槽形、板形及柱形焊件的焊接法
(a)槽形搭焊　(b)柱形绕焊　(c)板形绕焊

 注意

■ 每个接点一般仅接一根导线,并套上塑料套管。套管尺寸要合适,应在焊点未完全冷却前趁热套入,且套入后不能滑出。

5)杯形焊件的焊接法

这类接头多用于接线柱和接插件,尺寸较大,如焊接时间不足,容易造成虚焊。一般是和多股导线连接,焊前应对导线进行镀锡处理。操作方法如下(见图5.2.13):

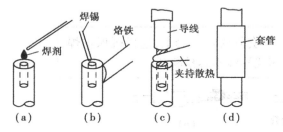

图5.2.13　杯形焊件的焊接法

①往杯形孔内滴一滴焊剂,若孔较大用脱脂棉蘸焊剂在杯内均匀擦一层。

②烙铁加热并将焊锡熔化,靠浸润作用流满内孔。

③将导线垂直插入到底部,移开烙铁并保持到凝固。

 注意

■ 导线不能动。

④完全凝固后,立即套上套管。

6)在金属板上焊导线

将导线焊到紫铜、黄铜、镀锌板和铝板等金属板上,关键是往板上镀锡。其操作方法类似一般钎焊,应注意:

①一般金属板表面积大,吸热多而散热快,需用功率较大的烙铁。根据板的厚度和面积选用 50~300 W 的烙铁。若板厚 <0.3 mm 时,也可用 30 W 的烙铁,但是须增加焊接时间。

②紫铜、黄铜和镀锌板等容易镀上锡,只要表面清理干净,只需少量焊剂,即可镀上锡。如果要使焊点更牢靠,可在焊区划出一些刀痕后再镀锡。

③有些表面有镀层的铁板,不容易上锡,也可使用少量焊油。

 注意

■ 焊后一定要立即用热水清洗干净。

④铝板因为表面易生成氧化层,很难被焊锡浸润,一般方法难以镀上焊锡,具体的焊接方法参见下面内容。

7)汽车电源总线与各个牵引导线的连接

由于电源总线的电流较大,要求连接处接触紧密牢固,导电性良好,应用锡焊连接更好,其操作方法如下:

①把导线分开,切出适宜的长度;

②用剥线钳将电源导线剥去绝缘层;

③将电源总线分别与各个导线绞接;

④电烙铁焊接电源总线与每根牵引导线;

⑤每个连接处包一层绝缘胶皮,保证彼此绝缘。

8)铝板上修补

铝合金广泛应用在汽车导线和冷却系统等。当冷却系统部件出现泄漏时,采用钎焊可以修补。铝合金是极活泼的金属,在空气中表面易生成一层致密的氧化铝膜,极难清除,钎焊时影响钎料的浸润,并且阻止钎料与焊件的结合,属于难钎焊金属之一。

汽车冷却系统上的铝板,其表面积大,吸热多而散热快,要用功率较大的烙铁。根据板的厚度和面积选用 300~500 W 的烙铁。其操作步骤如下:

①铝板钎焊前的准备。

a. 先用汽油等溶剂去油,再用刮刀和 0 号砂布刮擦,去除氧化膜,直到光亮为止。

b. 如果铝氧化物难以铲刮干净,或数量较多,采用温度为 60~70 ℃ 的 NaOH 10% 水溶液,侵蚀 1~7 min,然后须在热水中洗净,并在 15% HNO_3 水溶液中处理 2~5 min,再用流动冷水洗净,用热风吹干。

c.有时可采用液体钎料进行钎焊,液体钎料配制如下:37.5%氯化锌,22.5%丁酮,0.75%氟化铜(或氯化铜),1.2%氟化铵,0.45%氟化钠,余量为水,均匀混合。使用时,用浸沾法或用刷子刷在零件上后,加热到430～450℃。这种液体钎料特别适合钎焊形状复杂的散热器零件,操作简单,但装配要求较严格,即钎焊间隙≯0.1 mm,否则不能形成钎缝。

 注意

■ 进行冷却系统焊接操作时,必须穿戴好防护镜、防护服和皮鞋,以防止酸蚀和高温的伤害。
■ 以上几种溶剂均有腐蚀性,须防止沾到手或衣服上。
■ 使用任何一种溶剂后,都要把双手洗干净。
■ 操作场所要保持通风。

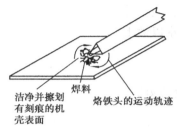

洁净并擦划有刻痕的机壳表面　焊料　烙铁头的运动轨迹

图 5.2.14　铝板上的焊补

②用喷灯加热铝板,做好预热准备。
③若焊点较小时,用烙铁头适当用力在板上做圆周运动,同时,将锌焊条熔化涂抹在待焊区,如图 5.2.14 所示。
④若焊点较大时,剪下一块大小合适的铝片,用上文铝板钎焊前的准备中提到的方法清洗干净,盖在待焊处,用大烙铁或火焰烙铁加热铝片,达到一定温度后,加热锌焊条,让熔化的锌焊条因毛细作用流入铝板与铝片之间的间隙,待熔化的锌焊条充满后,移开锌焊条,再移开烙铁。

 注意

■ 铝板与铝片之间合适的间隙。

也可以使用"液体钎料",操作方法同上。

特别强调:铝合金焊剂和液体钎料属于腐蚀性钎剂,钎焊后必须将钎剂残渣清除干净,否则将引起接头的严重腐蚀。有时为了防止腐蚀发生,清洗烘干后,在钎缝处涂上一层防腐漆来隔绝空气,可大大地提高钎焊接头的使用寿命。

9)铜合金的钎焊

铜合金是最容易钎焊的金属之一,其表面氧化膜容易还原,几乎所有的钎焊方法都能顺利地进行钎焊。

软钎焊铜合金常采用锡铅钎料(如 HLSnPb50),配合焊锡膏、松香酒精和氯化锌水溶液等。

其焊接方法与铝板上修补方法类似。

自测题2

下列问题将帮助你复习本节的学习内容,若有困难请向你的教师寻求帮助:

1. 根据前面的学习,说明锡焊的形成过程和锡焊的基本条件。

　　_____

　　_____

　　_____

　　_____

　　_____

2. 分析焊点几何形状对钎焊质量的影响。

　　_____

3. 若焊料不能很好地浸润焊件,说明原因并指出解决办法。

　　_____

　　_____

　　_____

4. 判断并说明理由:

　　(1)用烙铁沾上焊锡后施焊。

　　　　_____

　　　　_____

　　　　_____

　　　　_____

　　(2)对焊件加力,可增加接触面,加快焊件熔化。

　　　　_____

　　　　_____

　　(3)锡焊只要掌握了理论,严格按照5步操作法,就能保证焊接质量。

　　　　_____

　　　　_____

　　　　_____

活动1　软钎焊——镀锌板操作

一、任务

在镀锌板上完成一个锡焊接头。

二、目的

练习软钎焊操作技能。

三、操作步骤

1. 主题:软钎焊——搭接焊。

2. 目的:按下面要求钎焊连接
   材料。

3. 位置:如图所示。

4. 步骤:教师先演示。学生练习
   前,必须观看教师的演示。

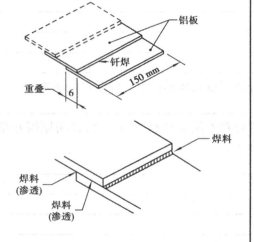

5. 方法:

   (1)清洁,然后在烙铁上
   涂锡。

   (2)校直镀锌板。

   (3)在搭接表面均匀涂敷
   钎剂。

   (4)加热烙铁头。

   (5)施加适当的钎料确保渗透接头。

   (6)提交焊件供教师检查。

   (7)重复练习。

   (8)用湿布抹除钎剂。

   (9)提供焊件给教师鉴定。

6. 要求:

   ★ 全部接头对正、渗透结合正确。

   ★ 平滑、光洁表面质量。

7. 所需材料:2件50 mm×0.8 mm×150 mm 镀锌板。

8. 经济性要求:使用废弃材料练习,未用完材料请退回仓库。

四、鉴定

请你完成锡焊接头,并达到操作鉴定单的要求。

软钎焊——镀锌板操作鉴定单

草图:

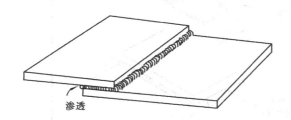

渗透

烙铁类型:	耗材参数:	
清洁方法:	合金类型:　　　　　焊剂:	
材料参数:	钎焊时间:	
类型:镀锌板	开始时间:　　　　　结束时间:	
厚度:0.8 mm	完成焊件所花时间:	
鉴定	符合要求	不符合要求
对正		
穿透		
表面光洁		
学生姓名:	学号:	
教师签名:	日期:	

活动2　软钎焊——铜板操作

一、任务

在铜板上完成一个锡焊接头。

二、目的

练习软钎焊操作技能。

三、操作步骤

1. 主题:软钎焊——搭接焊。

2. 目的:按照下面要求钎焊材料。

3. 位置:如图所示。

4. 步骤:教师先演示。学生练习前,必须观看教师的演示。

5. 方法:

(1)清洁,然后在烙铁上涂锡。

(2)校直铜板用金属刷或砂布去除连接表面氧化物。

(3)在搭接表面均匀涂敷钎剂。

(4)加热烙铁头。

(5)施加适当的钎料确保渗透接头。

(6)提交焊件供教师检查。

(7)重复练习。

(8)用湿布抹除钎剂。

(9)提供焊件给教师鉴定。

6. 要求:

★ 全部接头对正、渗透结合正确。

★ 平滑、光洁表面质量。

7. 所需材料:

2 件 50 mm×0.8 mm×150 mm 铜板。

8. 经济性要求:使用废弃材料练习,未用完材料请退回仓库。

四、鉴定

请你完成锡焊接头,并达到操作鉴定单的要求。

 软钎焊——铜板操作鉴定单

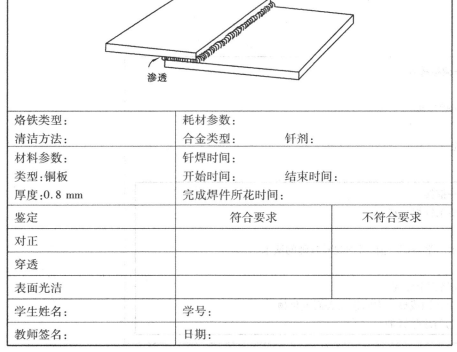

草图:

烙铁类型:	耗材参数:	
清洁方法:	合金类型: 钎剂:	
材料参数: 类型:铜板 厚度:0.8 mm	钎焊时间: 开始时间: 结束时间: 完成焊件所花时间:	
鉴定	符合要求	不符合要求
对正		
穿透		
表面光洁		
学生姓名:	学号:	
教师签名:	日期:	

活动 3   软钎焊——铝板操作

一、任务

在铝板上完成一个锡焊接头。

二、目的

练习软钎焊操作技能。

三、操作步骤

1. 主题:软钎焊——搭接焊。

2. 目的:按下面要求钎焊连接材料。

3. 位置:如图所示。

4. 步骤:教师先演示。学生练习前,必须观看教师的演示。

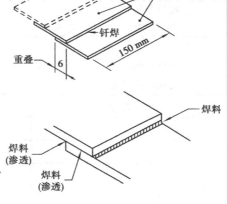

5. 方法:

(1)铝板焊前准备,清洁。

(2)校直铝板。

(3)在搭接表面均匀涂敷钎剂。

(4)加热烙铁头。

(5)参照 5.2.2 节中铝板上的修补步骤进行钎焊操作。

(6)提交焊件供教师检查。

(7)重复练习。

(8)用湿布抹除钎剂。

(9)提供焊件给教师鉴定。

6. 要求:

★ 全部接头对正、渗透结合正确。

★ 平滑、光洁表面质量。

7. 所需材料:2 件 50 mm×0.8 mm×150 mm 铝板。

8. 经济性要求:使用废弃材料练习,未用完材料请退回仓库。

四、鉴定

请你完成锡焊接头,并达到操作鉴定单的要求。

软钎焊——铝板操作鉴定单

草图:		
烙铁类型:	耗材参数:	
清洁方法:	合金类型:	焊剂:
材料参数:	钎焊时间	
类型:铝板	开始时间:	结束时间:
厚度:0.8 mm	完成焊件所花时间:	
鉴定	符合要求	不符合要求
对正		
穿透		
表面光洁		
学生姓名:	学号:	
教师签名:	日期:	

5.3 硬钎焊

 学习目的

学完本节后,你应能做到:

1. 理解硬钎焊的过程和原理。

2. 能够正确地选择设备和耗材,安全、熟练地进行硬钎焊操作。

 鉴定

学完本节后,请你完成本节末的自测题和学习活动。

144

注意

- 硬钎焊时,必须通风良好。
- 请不要让钎剂接触皮肤。
- 在钎焊时请穿戴适当的保护服装。

(1)硬钎焊

1)定义

硬钎焊是靠熔点低于焊件的钎料熔化后,通过毛细作用将被焊件连接起来,形成接头的焊接方法。硬钎焊的温度 >450 ℃。

2)接头

它通常采用搭接和角接接头,与前面介绍的软钎焊一致。

(2)硬钎焊的方法

硬钎焊一般采用火焰钎焊。通常用的加热气体有:

①氧-乙炔火焰

这种火焰适合大多数硬钎焊的需要,采用便携式设备,价格便宜,火焰温度控制范围较大。

②氧-液化石油气火焰

它有工业用途设备和便携式设备两种。便携式设备适用于面积较小、难于接近的区域。

 注意

- 经常检查软管是否泄漏。

(3)火焰钎焊的操作方法

1)通常采用手工填加丝状或棒状钎料,也可在接头上预先安置钎料。

2)在加热前,应将钎剂均匀涂在焊件上,为了防止钎剂被火焰吹掉,可用水或酒精将钎剂调成糊状。

3)钎焊操作时,应在接头间隙周围缓慢加热使钎剂中的水分先蒸发。

4)可把丝状钎料的加热端周期地浸入钎剂中沾上钎剂,然后把钎剂带到母材上。

5)加热时,焊嘴与母材的距离控制在 35 ~ 40 mm 为宜。

6)钎焊时,首先用火焰的外焰沿钎缝来回移动,加热整个接头区,使之接近钎焊温度。

7)然后,再从其中一端用火焰连续向前熔化钎料,直至填满钎缝间隙,形成钎缝。

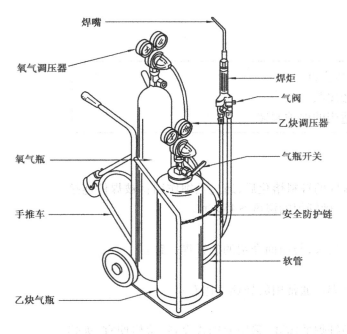

图 5.3.1　氧-乙炔火焰钎焊设备

（4）火焰钎焊的设备

火焰钎焊中，氧-乙炔火焰钎焊是最常用的方法，其所用设备如图 5.3.1 所示。

（5）硬钎剂

1）硬钎焊操作时，使用钎剂的原因：

- 可促进钎料自由流动。
- 可清洁焊接表面。
- 钎焊时，防止形成氧化物。

2）硬钎剂多由硼砂、硼酸、氟化物和氯化物等组成。

3）钎剂的形式：最普通的是粉状、液体和膏糊状。

 注意

■ 硬钎焊时，必须通风良好。尤其是焊剂中含有氟化物时，更应注意。

■ 不要让焊剂接触皮肤。

（6）硬钎料

硬钎焊采用的钎料通常是由铜、银及其合金制成的，接头强度较高，主要用于工件受力较大的焊接。

硬钎焊接头比软钎焊接头强度更高。

146

1)常用的硬钎料有两种:

● 铜基钎料。

● 银基钎料。

银合金流动性好,能够进入极小的间隙,形成的接头光洁,牢靠,应用较广。

2)硬钎料的选择:

选择硬钎料时,需要考虑以下方面:

● 接头的强度。

● 焊件材料。

● 接头表面状况。

● 成本。

● 操作人员的技能水平。

● 接头颜色——如果要求与工件搭配。

(7)适合硬钎焊的金属

1)硬钎焊可焊接大多数黑色金属和有色金属。

2)硬钎焊还可钎焊两种不同的金属,如铜和钢之间的钎焊。

常用硬钎焊的金属如下:

● 各种碳钢、低合金钢;

● 铜及铜合金;

● 不锈钢;

● 铸铁等。

(8)工业用途

硬钎焊常用于:

● 电器、电子元件连接。

● 铜管连接。

● 家具。

● 修补各种机械。

● 修补汽车附件,如水箱等。

(9)危险

1)应保持通风,因为钎剂中一般含有有毒化合物。硬钎焊操作时,应始终保持通风良好。

2)避免钎剂接触皮肤。

3)使用酸时,应非常小心,请始终穿戴保护服装、手套和保护镜,如图5.3.2所示。当使用化学剂时,确保通风良好。这些预防措施是为了你的安全,请不要冒险。

防护镜

手套

紧身工作服

安全皮鞋

图5.3.2　钎焊时穿戴的保护服装

下列问题将帮助你复习本节的学习内容,若有困难请向你的教师寻求帮助:

1. 列出铜钎焊时,使用的安全用品。

    a. 眼睛:＿＿＿＿＿＿＿＿＿＿＿＿＿＿＿＿

    b. 身体:＿＿＿＿＿＿＿＿＿＿＿＿＿＿＿＿

2. 列出 3 种可用铜钎焊金属连接的金属:

    a. ＿＿＿＿＿＿＿＿＿＿＿＿＿＿＿＿＿

    b. ＿＿＿＿＿＿＿＿＿＿＿＿＿＿＿＿＿

    c. ＿＿＿＿＿＿＿＿＿＿＿＿＿＿＿＿＿

3. 指出两种用于铜钎焊的加热混合气体:

    a. ＿＿＿＿＿＿＿＿＿＿＿＿＿＿＿＿＿

    b. ＿＿＿＿＿＿＿＿＿＿＿＿＿＿＿＿＿

4. 列出一种推荐的铜钎焊接头。

    ＿＿＿＿＿＿＿＿＿＿＿＿＿＿＿＿＿＿＿

5. 比较铜钎焊与锡焊,请在合适的方框内打"√"。

	大于锡焊	小于锡焊
a. 强度	☐	☐
b. 成本	☐	☐
c. 温度	☐	☐

活动 1　铜及铜合金的硬钎焊操作

一、任务

使用铜钎焊焊接一个接头。

二、目的

确保你能完成简单的铜钎焊接头。

三、操作步骤

 注意

■ 遵守职场健康与安全规则。

■ 保持焊剂远离眼睛、嘴和皮肤。

■ 避免呼吸钎焊产生的气体。

■ 完成练习后,请把手清洗干净。

(一)钎焊前焊件表面的处理

1. 钎焊前焊件的去油

焊件表面的矿物油和动植物油必须清洗,以保证钎焊质量。

- 矿物油用有机溶剂清洗,最常用的是汽油和丙酮;
- 动植物油用碱液清洗,常用的碱液是 10% NaOH 水溶液。

2. 氧化膜的化学清理

铜及铜合金的化学清理一般采用 H_2SO_4 12.5% ,Na_2CO_3 1% ~3% 加水组成的溶液在 20 ~77 ℃ 进行清洗。

(二)钎料的选用

硬钎焊采用铜基、银基钎料。

(三)钎剂选用

1. 铜基钎料选用硼砂或 75% 硼酸加 25% 硼砂作为钎剂。

2. 银基钎料选用 QJ101,QJ102 钎剂。

其中:QJ——钎剂。

101,102——代号。

它们均可在市场上购买。

(四)钎焊接头间隙

1. 选用铜基钎料时,接头间隙为 0.04 ~0.20 mm;

2. 选用银基钎料时,接头间隙为 0.05 ~0.13 mm。

(五)钎焊后钎剂残渣的清除

对于 QJ101,QJ102 钎剂,钎焊后在热水中浸泡 0.5 h 以上,冷水中浸泡 1 h 以上,然后用刷子刷净。

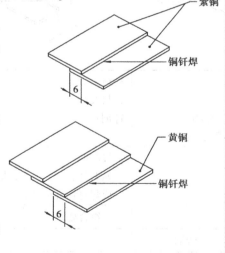

(六)具体操作按下表要求进行

1. 主题:对紫铜和黄铜板进行钎焊。

2. 目的:按照下面要求,使用铜基钎料。

3. 位置:如图所示。

4. 步骤:教师先演示。学生练习前,必须观看教师的演示。

5. 方法:

(1)校直紫铜板,用金属刷或砂纸清除连接处氧化物。

(2)在连接处施加钎剂。

(3)用火焰外围均匀地加热板材。

(4)当钎剂指示温度正确时,进行铜钎焊,让足够的焊料渗透接头。

(5)提交焊件供教师检查。

(6)在黄铜板上重复练习。

(7)用金属刷在热水中清除接头处钎剂。

(8)提交你的工件供鉴定。

6. 要求:
  ★ 正确地对正,渗透全部接头长度。
  ★ 钎剂足够,消耗焊丝最小。
7. 所需材料:
  2 件 30 mm × 1.6 mm × 50mm 紫铜板。
  2 件 30 mm × 1.6 mm × 50 mm 黄铜板。
8. 经济性要求:使用边角余料试焊调整设备,铜板反面也用作练习。

四、鉴定
要求你完成铜钎焊练习,并达到鉴定单要求。

 铜钎焊操作鉴定单

草图:

气体参数:		耗材参数:	
调压表:		钎料类型:	
氧气压力:	乙炔压力:	钎剂:	
火焰类型:	焊嘴尺寸:		
材料参数:		焊接时间:	
类型:		开始时间: 结束时间:	
厚度:		完成焊件所花时间:	

鉴 定		符合要求	不符合要求
对正	紫铜		
	黄铜		
焊料穿透情况	紫铜		
	黄铜		
接头表面光洁度	紫铜		
	黄铜		
学生姓名:		学号:	
教师签名:		日期:	

活动 2　低碳钢、低合金钢的硬钎焊操作

一、任务

使用硬钎焊焊接一个低碳钢或低合金钢接头。

二、目的

确保你能完成简单的硬钎焊接头。

三、操作步骤

（一）钎焊前焊件表面的处理

1. 钎焊前焊件的去油

　　焊件表面的矿物油和动植物油必须清洗，以保证钎焊质量。

　　● 矿物油用有机溶剂清洗，最常用的是汽油和丙酮；

　　● 动植物油用碱液清洗，常用的碱液是 10% NaOH 水溶液。

2. 氧化膜的化学清理

　　低碳钢和低合金钢的化学清理一般用 H_2SO_4 10% 溶液，在 40～60 ℃下浸泡

　　10～20 min。

（二）钎料的选用

硬钎焊低碳钢和低合金钢时，通常采用黄铜钎料或银基钎料。

（三）钎剂选用

1. 黄铜钎料选用硼砂或 75% 硼酸 + 25% 硼砂作为钎剂。

2. 银基钎料选用 QJ101，QJ102 钎剂。

　　其中：QJ——钎剂。

　　　　　101，102——代号。

　　它们均可在市场上购买。

（四）钎焊接头间隙

1. 选用铜基钎料时，接头间隙为 0.05～0.20 mm。

2. 选用银基钎料时，接头间隙为 0.02～0.15 mm。

（五）钎焊后钎剂残渣的清除

对于 QJ101，QJ102 钎剂，钎焊后在热水中浸泡 0.5 h 以上，冷水中浸泡 1 h 以上，然后用刷子刷净。

（六）具体操作按下表要求进行

1. 主题:对低碳钢板或低合金钢板进行硬钎焊。

2. 目的:按照下面要求,使用黄铜钎料。

3. 位置:如图所示。

4. 步骤:教师先演示。学生练习前,必须观看教师的演示。

5. 方法:

(1)校直钢板,用金属刷或砂纸清除连接处氧化物。

(2)在连接处施加钎剂。

(3)用火焰外围均匀地加热板材。

(4)当钎剂指示温度正确时,进行钎焊,让足够的钎料渗透接头。

(5)提交焊件供教师检查。

(6)在低合金钢板上重复练习。

(7)用金属刷在热水中清除接头处钎剂。

(8)提交你的工件供鉴定。

6. 要求:

★ 正确地对正,渗透全部接头长度。

★ 钎剂足够,消耗焊丝最小。

7. 所需材料:

2 件 30 mm×1.6 mm×50 mm 低碳钢板。

2 件 30 mm×1.6 mm×50 mm 低合金钢板。

8. 经济性要求:使用边角余料试焊调整设备,钢板反面也用作练习。

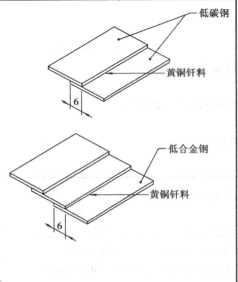

四、鉴定

要求你完成硬钎焊练习,并达到鉴定单要求。

低碳钢和低合金钢硬钎焊操作鉴定单

草图：

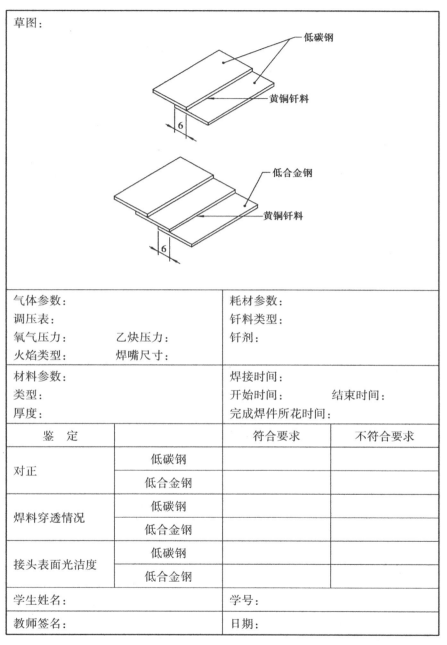

低碳钢

黄铜钎料

6

低合金钢

黄铜钎料

6

气体参数：		耗材参数：	
调压表：		钎料类型：	
氧气压力：　　　乙炔压力：		钎剂：	
火焰类型：　　　焊嘴尺寸：			
材料参数：		焊接时间：	
类型：		开始时间：　　　结束时间：	
厚度：		完成焊件所花时间：	

鉴　　定		符合要求	不符合要求
对正	低碳钢		
	低合金钢		
焊料穿透情况	低碳钢		
	低合金钢		
接头表面光洁度	低碳钢		
	低合金钢		
学生姓名：		学号：	
教师签名：		日期：	

单元鉴定

单元5 鉴定表格：

5.1　钎焊工作原理鉴定表格

鉴定内容	完成	否
你是否完成自测题1,并得到教师的确认？		
你是否能回答教师提出的问题？		

教师签字：_____学生签字：_____日期：_____

5.2　软钎焊鉴定表格

鉴定内容	完成	否
你是否完成自测题1,并得到教师的确认？		
你是否完成自测题2,并得到教师的确认？		
你是否完成活动1的要求,并得到教师的确认？		
你是否完成活动2的要求,并得到教师的确认？		
你是否完成活动3的要求,并得到教师的确认？		
你是否能回答教师提出的问题？		

教师签字：_____学生签字：_____日期：_____

5.3　硬钎焊鉴定表格

鉴定内容	完成	否
你是否完成自测题 1,并得到教师的确认?		
你是否完成活动 1 的要求,并得到教师的确认?		
你是否完成活动 2 的要求,并得到教师的确认?		
你是否能回答教师提出的问题?		
教师签字:_____　学生签字:_____　日期:_____		

单元学习评估

现在学生已经完成了这一单元的学习,希望学生能对所参与的活动提出意见,请你在相应的栏目内打"√"。

评估内容	非常同意	同意	没有意见	不同意	非常不同意
1. 这一单元给我很好地提供了……的综述					
2. 这一单元帮助我理解了……的理论					
3. 我现在对尝试……感到了自信					
4. 该单元的内容适合我的需求					
5. 该单元中举办了各种活动					
6. 该单元中不同部分融合得很好					
7. 单元学习中教师待人友善愿意帮忙					
8. 单元学习让我做好了参加评估的准备					
9. 该单元中所有的教学方法对我的学习起到了帮助作用					
10. 该单元提供的信息量正好					
11. 评估看来公平、适当					
你对改善本科目后面单元的教学有什么建议?					

致　谢

　　本套系列教材的编写参考了大量国内外有关书籍和文献资料,谨在此向其作者及资料提供者表示深切的谢意。特别是感谢澳大利亚 BOX HILL, KANGAN BATMAN, HOMESGLEN, SWAM TAFE 学院以及墨尔本皇家理工大学给予我们的帮助;感谢 Allen Medley, Bruce Shearer, Vivien Carroll, Veronica Volkoff, Jane Parry, Geoff Millar, Siegfried Munninger, Stephen Parratt, Warren Wilkinson 等专家的指导。

　　同时,我们在编写这套教材中,得到了有关部门和企业的鼎力支持。特别是得到了重庆市劳动和社会保障局、重庆市交通委员会运输管理局、重庆市汽车维修行业协会、重庆公交控股集团公司、重庆公共电车公司、重庆渝都丰田特约维修站、成都空军汽车修理厂的技术专家的协助;也得到了重庆工业职业技术学院及相关院校同行们的支持,在此表示衷心的感谢。

编　者

2006 年 9 月

参考文献

[1] 黄孟域. 金属工艺学. 北京:高等教育出版社,1999

[2] 王纪安. 工程材料与材料成型工艺. 北京:高等教育出版社,2001

[3] 汽车驾驶员新等级标准教材编委会. 汽车材料. 北京:人民交通出版社,1996

[4] 雷世明. 焊接方法与设备. 北京:机械工业出版社,2002

[5] 机械工业职业技能鉴定中心指导中心. 电焊工技术:初级,中级. 北京:机械工业出版社,1999

[6] 曾乐. 现代焊接技术手册. 上海:上海科学技术出版社,1993

[7] 机械工业行业协会. 铆工工艺学. 北京:机械工业出版社,2002

[8] 机械工业职业技能鉴定指导中心. 气焊工技术:初级,中级. 北京:机械工业出版社,1999

[9] 宋年秀. 汽车车身修复技术. 北京:机械工业出版社,2002

[10] 刘森. 汽车钣金工基本技术. 北京:金盾出版社,2001

[11] 邹僖. 钎焊. 北京:机械工业出版社,1988